T0207799

Gerechter Frieden

Reihe herausgegeben von
I.-J. Werkner, Heidelberg, Deutschland
S. Jäger, Heidelberg, Deutschland

„Si vis pacem para pacem" (Wenn du den Frieden willst, bereite den Frieden vor.) – unter dieser Maxime steht das Leitbild des gerechten Friedens, das in Deutschland, aber auch in großen Teilen der ökumenischen Bewegung weltweit als friedensethischer Konsens gelten kann. Damit verbunden ist ein Perspektivenwechsel: Nicht mehr der Krieg, sondern der Frieden steht im Fokus des neuen Konzeptes. Dennoch bleibt die Frage nach der Anwendung von Waffengewalt auch für den gerechten Frieden virulent, gilt diese nach wie vor als Ultima Ratio. Das Paradigma des gerechten Friedens einschließlich der rechtserhaltenden Gewalt steht auch im Mittelpunkt der Friedensdenkschrift der Evangelischen Kirche in Deutschland (EKD) von 2007. Seitdem hat sich die politische Weltlage erheblich verändert; es stellen sich neue friedens- und sicherheitspolitische Anforderungen. Zudem fordern qualitativ neuartige Entwicklungen wie autonome Waffensysteme im Bereich der Rüstung oder auch der Cyberwar als eine neue Form der Kriegsführung die Friedensethik heraus. Damit ergibt sich die Notwendigkeit, Analysen fortzuführen, sie um neue Problemlagen zu erweitern sowie Konkretionen vorzunehmen. Im Rahmen eines dreijährigen Konsultationsprozesses, der vom Rat der EKD und der Evangelischen Friedensarbeit unterstützt und von der Evangelischen Seelsorge in der Bundeswehr gefördert wird, stellen sich vier interdisziplinär zusammengesetzte Arbeitsgruppen dieser Aufgabe. Die Reihe präsentiert die Ergebnisse dieses Prozesses. Sie behandelt Grundsatzfragen (I), Fragen zur Gewalt (II), Frieden und Recht (III) sowie politisch-ethische Herausforderungen (IV).

Weitere Bände in der Reihe http://www.springer.com/series/15668

Ines-Jacqueline Werkner · Martina Fischer
(Hrsg.)

Europäische Friedensordnungen und Sicherheitsarchitekturen

Politisch-ethische Herausforderungen
Band 3

 Springer VS

Hrsg.
Ines-Jacqueline Werkner
Heidelberg, Deutschland

Martina Fischer
Berlin, Deutschland

Gerechter Frieden
ISBN 978-3-658-23919-0   ISBN 978-3-658-23920-6   (eBook)
https://doi.org/10.1007/978-3-658-23920-6

Die Deutsche Nationalbibliothek verzeichnet diese Publikation in der Deutschen
Nationalbibliografie; detaillierte bibliografische Daten sind im Internet über
http://dnb.d-nb.de abrufbar.

Springer VS

Verantwortlich im Verlag: Jan Treibel

Springer VS ist ein Imprint der eingetragenen Gesellschaft Springer Fachmedien
Wiesbaden GmbH und ist ein Teil von Springer Nature
Die Anschrift der Gesellschaft ist: Abraham-Lincoln-Str. 46, 65189 Wiesbaden, Germany

Inhalt

Europäische Friedensordnungen und
Sicherheitsarchitekturen. Zur Einführung 1
Ines-Jacqueline Werkner

Frieden und Sicherheit. Von der Begriffslogik zur
epistemischen Haltung 13
Sabine Jaberg

Der liberale Frieden als Paradigma europäischer Politik:
Trägt die EU zu einer globalen Friedensordnung bei? 43
Martina Fischer

Der plurale Frieden: Erste Gedanken zu einer
dissoziativen Friedensstrategie 69
Matthias Dembinski

Die Rolle des Vertrauens für eine Sicherheitspolitik
der Kooperation 93
Pascal Delhom

Gemeinsame Sicherheit – eine friedenslogisch orientierte
Sicherheitsstrategie 111
Ines-Jacqueline Werkner

Kooperative Sicherheit am Beispiel der OSZE 127
Heinz Gärtner

Zur Friedensfähigkeit von Systemen kollektiver Sicherheit
am Beispiel der Vereinten Nationen – eine völkerrechtliche
Perspektive 143
Hans-Joachim Heintze

Gerechtigkeit, Recht und Gewaltfreiheit – die Grundfeste
einer europäischen Friedensordnung. Eine Synthese 163
Martina Fischer

Oder: Eine Friedensordnung jenseits des liberalen
Friedens 175
Ines-Jacqueline Werkner

Autorinnen und Autoren 181

Europäische Friedensordnungen und Sicherheitsarchitekturen
Zur Einführung

Ines-Jacqueline Werkner

1 Einleitung

Die „Charta von Paris für ein neues Europa" besiegelte im November 1990 – getragen von dreißig Staaten Europas, den USA und Kanada – nach vier Jahrzehnten das Ende des Kalten Krieges. Das Ende der Blockkonfrontation zwischen Ost und West sollte Raum geben für Perspektiven auf eine gesamteuropäische Friedensordnung. Erstmals bestand die Chance eines Wandels von einer Sicherheit durch Abschreckung zu einem kooperativen Sicherheitssystem. Diese Hoffnungen haben sich nicht erfüllt. Die Zeit seit 1990 waren – so Reinhard Mutz (2011, S. 234) – nutzbare Jahre, die ungenutzt verstrichen sind. Mehr noch: Die gegenwärtige Lage scheint gefährlicher denn je. Nicht nur, dass Krieg in Europa wieder zu einem Mittel der Außenpolitik geworden ist, erfahren auch „das atomare Säbelrasseln und das Denken in Kategorien nuklearer Eskalationsdominanz" eine Renaissance (Werkner et al. 2017, S. 9). Des Weiteren sind die Krisen und Konflikte in der

© Springer Fachmedien Wiesbaden GmbH, ein Teil von Springer Nature 2019
I.-J. Werkner und M. Fischer (Hrsg.), *Europäische Friedensordnungen und Sicherheitsarchitekturen*, Gerechter Frieden,
https://doi.org/10.1007/978-3-658-23920-6_1

MENA-Region[1] nach wie vor ungelöst: Die mit dem Arabischen
Frühling gehegten westlichen Hoffnungen auf eine Demokratisierung haben sich nicht erfüllt; stattdessen ist die gesamte Region
durch Instabilitäten geprägt. Auch fehlen erfolgversprechende
Strategien, dem sogenannten Islamischen Staat zu begegnen oder
den Krieg in Syrien zu befrieden. Zudem stehen der bewaffnete Konflikt in der Ukraine, die eskalierenden militärischen Spannungen
zwischen Russland und dem Westen sowie die Entfremdung zur
Türkei für das Scheitern einer Strategie, Frieden in Europa durch
Transformation nach westlichem Vorbild zu schaffen.

Welche Sicherheitssysteme können angesichts dieser Situation
greifen und sich als friedensfähig erweisen? Diese Fragen stellen
sich zugleich im Rahmen des Konzeptes des gerechten Friedens.
Die Evangelische Kirche in Deutschland setzt sich in ihrer Friedensdenkschrift „Aus Gottes Frieden leben – für gerechten Frieden
sorgen" (EKD 2007) bewusst vom Prinzip des „Si vis pacem para
bellum" (Wenn du den Frieden willst, rüste dich zum Krieg.)
und dem Abschreckungsfrieden des Kalten Krieges ab. Mit ihrer
Maxime „Si vis pacem para pacem" (Wenn du den Frieden willst,
bereite den Frieden vor.") gelte es nunmehr, vom Frieden her zu
denken (vgl. EKD 2007, Ziff. 73). Das gehe über ein „Konzept des
Friedens als zentralistische[] Herrschaftsordnung, die innerhalb
ihrer Grenzen Sicherheit garantiert", hinaus, sei „[a]uf dem Weg
so verstandener Sicherheit […] der verheißene, dauerhafte Friede
nicht zu erreichen" (EKD 2007, Ziff. 75).

---

1   Der Begriff MENA steht als Akronym für „Middle East und Northern
     Africa" für die Gesamtheit der Staaten des Nahen und Mittleren Ostens.

2   Zu den Begriffen Frieden und Sicherheit

Zunächst ist zwischen Frieden und Sicherheit zu differenzieren. In Öffentlichkeit und Politik werden beide Begriffe häufig synonym verwendet oder wechselseitig aufeinander bezogen im Sinne von „ohne Frieden keine Sicherheit und ohne Sicherheit kein Frieden" (vgl. Gießmann 2011, S. 541). Fraglos bestehen begriffliche Parallelen, aber eben auch Divergenzen. So verweist der Begriff der Sicherheit „auf die Qualität eines bestehenden oder wahrgenommenen *Zustandes*", während sich der Begriff des Friedens „auf die Qualität einer *Beziehung* zwischen unterschiedlichen Akteuren oder Akteursgruppen" bezieht (Gießmann 2011, S. 543, Hervorh. im Original).

In Anlehnung an den norwegischen Friedensforscher Johan Galtung umfasst Frieden die Abwesenheit personaler beziehungsweise direkter Gewalt (negativer Frieden) und struktureller Gewalt (positiver Frieden). Dabei entspricht der negative Frieden der Abwesenheit von Krieg beziehungsweise organisierter militärischer Gewaltanwendung. Primäre Friedensaufgabe im Sinne dieses eng gefassten Friedensbegriffes stellt die Kontrolle und Verminderung offener Gewaltanwendung dar. Anders beim positiven Frieden: Definiert als Abwesenheit struktureller Gewalt hat er seine Entgegensetzung nicht im Krieg, sondern im Unfrieden. Mit ihm werden Aspekte wie Kooperation und Integration, das Fehlen von Repression und Ausbeutung, wirtschaftliche und soziale Entwicklung sowie Gerechtigkeit und Freiheit verbunden (vgl. Galtung 1975, S. 32). Dabei versteht sich Frieden prozessural, nach Ernst-Otto Czempiel (1998, S. 65) als ein dynamischer Prozess abnehmender Gewalt und zunehmender Gerechtigkeit.

Dagegen lässt sich Sicherheit als die Abwesenheit von Bedrohungen definieren. Sie bezeichnet „einen Zustand, der frei von unvertretbaren Risiken der Beeinträchtigung ist oder als gefahren-

frei angesehen wird" (Andexinger 2014, S. 115). Dabei nimmt jeder
Akteur Sicherheit für sich subjektiv und somit auch verschieden
wahr. Seit dem Ende des Kalten Krieges ist die Tendenz zu beobachten, den Sicherheitsbegriff immer weiter zu fassen:

- von seinem Referenzrahmen her: von der nationalen zur menschlichen Sicherheit,
- inhaltlich: von der militärischen zur wirtschaftlichen und
  ökologischen, mittlerweile auch zur humanitären Sicherheit,
- hinsichtlich der Gefahrendimension: von der Bedrohungsabwehr
  zur Risikovorsorge, womit Unsicherheiten auf Ungewissheiten
  ausgeweitet werden, sowie
- geografisch: von der territorialen zur globalen Sicherheit (vgl.
  Daase 2010).

Das Streben nach Sicherheit gilt neben Herrschaft und wirtschaftlicher Wohlfahrt als elementare Staatsaufgabe (vgl. Czempiel 2004,
S. 8), begründet es nach Thomas Hobbes überhaupt erst die Existenz
des Staates. Wenn aber Sicherheit „zum Maßstab politischen und
gesellschaftlichen Handelns" erhoben wird, liegt in der Erweiterung
des Sicherheitsbegriffs die Gefahr, „sämtliche sozialen und politischen Beziehungen als Abwehr von mutmaßlichen Bedrohungen
zu verstehen" (Gießmann 2011, S. 543; vgl. Buzan et al. 1998).

Angesichts dieser begrifflichen Divergenzen fallen auch Frie-
dens- und Sicherheitslogiken auseinander (vgl. u. a. Birckenbach
2012; Jaberg 2017). Konvergierende Entwicklungen sind dennoch
möglich. So gibt es auch Sicherheitskonzepte, die einer Friedenslogik näher kommen als andere. Diese zu diskutieren, soll Ziel des
vorliegenden Bandes sein.

3   Wege des Friedens in Europa

Prinzipiell existieren verschiedene Zugänge für einen Frieden in
Europa (vgl. Kahl und Rinke 2011): Die realistische Schule setzt
auf einen Frieden durch Machtpolitik. Anthropologisch begründet
mit der Natur des Menschen (Realismus, vgl. Morgenthau 2005
[1948]) oder aber mit Verweis auf die Anarchie des internationalen Staatensystems infolge des Fehlens einer übergeordneten
Ordnungs- und Sanktionsmacht (Neorealismus, vgl. Waltz 1979)
seien Staaten auf sich gestellt. Im Bestreben, zu überleben und ihre
Autonomie zu sichern, wird der ständige Kampf um Macht und
Machterhalt zum Charakteristikum (neo-)realistischer Politik und
militärische Macht zu ihrer zentralen Ressource. Dass dieser Zugang
nach wie vor präsent ist, zeigt sich beispielsweise am Nuklearen
Nichtverbreitungsvertrag mit der Weigerung der teilnehmenden
Atommächte, ihre nuklearen Waffen wirksam abzurüsten.

   Die institutionalistische Schule setzt auf eine Friedensordnung durch Völkerrecht und internationale Organisationen (vgl.
Keohane 1989). Auch dieser Zugang geht von der Anarchie des
internationalen Systems aus, dieses enthält aber im Gegensatz zum
realistischen Zugang Momente der Vergesellschaftung. So können
aus institutionalistischer Sicht Interdependenz und Institutionen
die Wirkung der Anarchie verringern, womit auch der Nutzen
militärischer Macht schwindet. Dabei setzen internationale Organisationen und Regime auf Kooperation und damit auf Sätze
von Gewohnheiten und Praktiken, die auf die Verwirklichung
gemeinsamer Ziele ausgerichtet sind. Auch die Friedensdenkschrift
der EKD lässt sich von einem institutionalistischen Ansatz leiten,
wenn sie auf die Stärkung universaler Institutionen setzt (EKD
2007, Kap. 4.1) und dabei insbesondere auf die Rolle der Vereinten
Nationen verweist: „Das Problem globaler Friedenssicherung ist

legitim lösbar durch ein System kollektiver Sicherheit, wie es in
der UN-Charta vorgezeichnet ist" (EKD 2007, Ziff. 87).

Die liberale Schule setzt auf einen Frieden durch republikanische
(beziehungsweise demokratische) Verfassungen und Freihandel.
Das vorrangige Interesse gilt hier nicht der Staatenwelt, ihrer
Machtverteilung oder ihren Kooperationshindernissen, sondern
den Präferenzbildungsprozessen in den einzelnen staatlich organisierten Gesellschaften. Danach folgen Staaten einem Verständnis
von Sicherheit, wie es von demokratischen Mehrheiten definiert
wird (vgl. Moravcsik 1997). Ideengeschichtlich gilt Immanuel
Kant als zentrale Referenz. Nach ihm stützt sich die Friedfertigkeit republikanischer Verfassungen auf die Rationalität und das
Selbstinteresse der Bürger:

> „Wenn (wie es in dieser Verfassung nicht anders sein kann) die
> Beistimmung der Staatsbürger dazu erfordert wird, um zu beschlie-
> ßen, ob Krieg sein solle, oder nicht, so ist nichts natürlicher, als
> daß, da sie alle Drangsale des Krieges über sich selbst beschließen
> müßten […], sie sich sehr bedenken werden, ein so schlimmes Spiel
> anzufangen" (Kant 1977 [1795], S. 351).

Kants Schrift „Zum ewigen Frieden" stellt auch den zentralen
Bezugsrahmen für die Theorie des demokratischen Friedens dar,
wonach Demokratien keine Kriege gegeneinander führen. Die
Begründung verläuft parallel: Für die Friedfertigkeit von Demokratien werden institutionelle, ökonomisch-rationale sowie
normativ-kulturelle Faktoren in Anschlag gebracht. So würden
Institutionen der Demokratie (wie Gewaltenteilung, Rechtsstaatlichkeit, Wahlen, Meinungsfreiheit, öffentliche Diskurse) den
Bürgerwillen in politische Entscheidungen transformieren. Dabei
werde Krieg als Mittel der Politik von demokratischen Bürgern und
Bürgerinnen aus eigennützig-materiellen wie moralischen Gründen abgelehnt. In der Folge bilden sich Präferenzen für friedliche

Mittel der Konfliktlösung heraus. Schließlich sorgen demokratische Verfahren dafür, „dass kriegsgeneigte Regierungen ihre Absichten nicht in die Tat umsetzen, da sie aus Furcht vor Abwahl auf die Gewaltaversion ihrer Wähler/innen Rücksicht nehmen müssen" (Geis 2011). Allerdings scheinen die Kausalmechanismen nicht so eindeutig in Richtung Frieden zu weisen, wie es die Theorie des demokratischen Friedens nahelegt. Jedenfalls belegen empirische Daten, dass Demokratien durchaus kriegsbereit sind: zwar nicht untereinander, wohl aber gegenüber nicht-demokratischen Staaten. Vor diesem Hintergrund hat sich innerhalb der Theorie des demokratischen Friedens eine zweite Interpretation herausgebildet: Neben dem *monadischen Strang*, wonach Demokratien grundsätzlich friedfertiger seien als andere staatliche Ordnungen, gelte dies nach dem *dyadischen Strang* nur für Demokratien untereinander (vgl. u. a. Müller 2003; Hasenclever 2010).

Ungeachtet dieser Kritik setzt auch die Friedensdenkschrift der EKD auf den Ansatz eines demokratischen beziehungsweise liberalen Friedens.[2] So sei die Europäische Union „[m]it ihren Werten und Institutionen sowie dank gelungener Verrechtlichung und wirksamer Mechanismen der friedlichen Streitschlichtung […] ein Modell für andere Regionen" und komme „einem freien Gesamteuropa immer näher" (EKD 2007, Ziff. 142). Dieser Zugang liegt nahe, „[d]enn wie kaum ein anderes Ergebnis politikwissenschaftlicher Forschung ist die relative Überlegenheit der demokratischen Regierungsform zu einer der Grundlagen westlicher Politik geworden" (Müller 2008). Zugleich ist diese Herangehensweise nicht unproblematisch, vor allem bleibt sie defizitär:

---

2   Der liberale Frieden steht für einen Frieden in der Tradition des Liberalismus. In diesem Sinne stellt der demokratische Frieden ein – durchaus prominentes – Beispiel eines liberalen Friedens dar.

„Frieden durch Integration, das Erfolgsrezept der Einigung West-
europas, findet auf dem Gesamtkontinent keine Entsprechung.
Folglich gilt es noch immer, dem Sicherheitsproblem adäquat
zu begegnen. [...] Die europäische Konfliktgeographie ohne den
einen vorbestimmten Aggressor, dafür mit diversen zwischen-
und innerstaatlichen Spannungslagen, die zu Gewalt und Krieg
eskalieren können, verlangt eine andere Sicherheitsorganisation."
(Mutz 2011, S. 234)

Was wären aber alternative Konzepte zu einem liberalen Frieden
und erfolgversprechende Wege des Friedens in Europa? – Dieser
Leitfrage widmet sich der vorliegende Band.

4   Zu diesem Band

Den Ausgangspunkt der Überlegungen zu europäischen Friedensordnungen und Sicherheitsarchitekturen stellen die beiden
zentralen Begriffe Frieden und Sicherheit dar. *Sabine Jaberg* nimmt
in ihrem Beitrag die ihnen spezifischen Logiken in den Blick,
analysiert, was eine Friedenslogik gegenüber einer Sicherheitslogik auszeichnet und unter welchen Bedingungen Konvergenzen
möglich sind.

Martina Fischer setzt beim Paradigma des liberalen Friedens an.
Sie untersucht, wie sich die Europäische Union zu den Prinzipien
des liberalen Friedens verhält und was ihre aktuelle Politik zu
einer europäischen und globalen Friedensordnung beiträgt. Im
Fokus ihrer Betrachtungen steht die externe Politik der EU in den
Bereichen Migration, Sicherheit und Entwicklung.

Vor dem Hintergrund der Schwierigkeiten im Umgang des
Westens mit dem russisch-ukrainischen Konflikt ist das Konzept
des pluralen Friedens entstanden. Es basiert auf der Annahme,
Frieden ließe sich nicht nur durch assoziative, sondern auch durch

dissoziative Strategien befördern. Diesem Konzept widmet sich *Matthias Dembinski*. In seinem Beitrag konturiert er den pluralen Frieden in Auseinandersetzung und im Kontrast zu liberalen Friedensstrategien.

Jüngere Studien belegen zunehmend auch die friedenswissenschaftliche Bedeutung sogenannter „weicher" Faktoren wie Respekt, Anerkennung und Vertrauen für die internationalen Beziehungen. In diesem Kontext wendet sich *Pascal Delhom* dem Vertrauen als friedenswissenschaftliche Kategorie und Basis einer Sicherheitspolitik, die nicht auf Abschreckung, sondern auf Kooperation setzt, zu. In seinem Beitrag untersucht er die notwendigen Bedingungen und Voraussetzungen einer Praxis des Vertrauens im Dienst der Sicherheit.

Auf diese Überlegungen aufbauend zeichnet der Beitrag von *Ines-Jacqueline Werkner* die Grundzüge und wesentlichen Strukturmerkmale der auf die Palme-Kommission von 1982 zurückgehenden gemeinsamen Sicherheit nach. Dabei werden Ziele, Methoden und Mittel wie auch Fragen der Übertragbarkeit des Konzeptes in die heutige Zeit in den Blick genommen und verhandelt sowie Chancen und Hindernisse der Umsetzung dieses Konzeptes diskutiert.

Kooperative und kollektive Sicherheitssysteme können – erweisen sie sich als deutlich anspruchsvoller – als Fortentwicklungen einer gemeinsamen Sicherheit gelten. *Heinz Gärtner* beleuchtet in seinem Beitrag das Konzept der kooperativen Sicherheit am Beispiel der Organisation für Sicherheit und Zusammenarbeit in Europa (OSZE) und fragt nach den Chancen und Hindernissen ihrer Wiederbelebung. *Hans-Joachim Heintze* verhandelt – ausgehend von kontroversen politikwissenschaftlichen und juristischen Debatten – das System kollektiver Sicherheit und untersucht die Friedensfähigkeit der Vereinten Nationen als das gegenwärtig einzig bestehende universelle System kollektiver Sicherheit.

Die abschließende Synthese nimmt noch einmal die zentralen Argumentationslinien und Begründungsmuster der vorliegenden Texte auf. Sie zeigt zwei mögliche Konsequenzen auf: *Martina Fischer* betont in ihrer Synthese die Notwendigkeit eines Politikwandels der Europäischen Union. Insbesondere sei der Ausbau ziviler Ansätze der Krisenprävention und Friedenskonsolidierung auf EU-Ebene erforderlich. Einen Kontrapunkt setzt *Ines-Jacqueline Werkner*. Sie hinterfragt kritisch die Prinzipien des liberalen Friedens, auf denen die EU-Politik ruht, und plädiert demgegenüber für eine Konzentration auf kooperative Ansätze und Systeme.

Literatur

Andexinger, Manfred. 2014. Das Spannungsfeld Freiheit versus Sicherheit – eine historisch-philosophische Reflexion. In *Dimensionen der Sicherheitskultur*, hrsg. von Hans-Jürgen Lange, Michaela Wendekamm und Christian Endreß, 111–125. Wiesbaden: Springer VS.

Birckenbach, Hanne-Margret. 2012. Friedenslogik statt Sicherheitslogik. Gegenentwürfe aus der Zivilgesellschaft. *Wissenschaft & Frieden* (2): 42–47.

Buzan, Barry, Ole Waever und Joap de Wilde. 1998. *Security: A New Framework for Anlaysis*. Boulder: Lynne Rienner Publishers.

Czempiel, Ernst-Otto. 1998. *Friedensstrategien. Eine systematische Darstellung außenpolitischer Theorien von Machiavelli bis Madariaga*. 2. akt. u. überarb. Aufl. Opladen: Westdeutscher Verlag.

Czempiel, Ernst-Otto. 2004. Internationale Beziehungen: Begriff, Gegenstand und Forschungsabsicht. In *Einführung in die Internationale Politik. Studienbuch*, hrsg. von Manfred Knapp und Gert Krell, 2–28. 4. Aufl. München: Oldenbourg.

Daase, Christopher. 2010. Der erweiterte Sicherheitsbegriff. http://www.sicherheitskultur.org/WorkingPapers/01-Daase.pdf. Zugegriffen: 1. Oktober 2017.

Evangelische Kirche in Deutschland (EKD). 2007. *Aus Gottes Frieden leben – für gerechten Frieden sorgen. Eine Denkschrift des Rates der Evangelischen Kirche in Deutschland.* 2. Aufl. Gütersloh: Gütersloher Verlagshaus.

Galtung, Johan. 1975. *Strukturelle Gewalt. Beiträge zur Friedens- und Konfliktforschung.* Reinbek bei Hamburg: Rowohlt.

Geis, Anna. 2011. Der „demokratische Frieden" als politisches Rechtfertigungsnarrativ. http://www.his-online.de/forschung/demokratischer-frieden/. Zugegriffen: 1. Oktober 2017.

Gießmann, Hans J. 2011. Frieden und Sicherheit. In *Handbuch Frieden*, hrsg. von Hans J. Gießmann und Bernhard Rinke, 541–556. Wiesbaden: VS Verlag für Sozialwissenschaften.

Hasenclever, Andreas. 2010. Liberale Ansätze zum „demokratischen Frieden". In *Theorien der Internationalen Beziehungen*, hrsg. von Siegfried Schieder und Manuela Spindler, 223–254. 3. Aufl. Opladen: Barbara Budrich.

Jaberg, Sabine. 2017. Frieden und Sicherheit. In *Handbuch Friedensethik*, hrsg. von Ines-Jacqueline Werkner und Klaus Ebeling, 43–53. Wiesbaden: Springer VS.

Kahl, Martin und Bernhard Rinke. 2011. Frieden in den Theorien der Internationalen Beziehungen. In *Handbuch Frieden*, hrsg. von Hans J. Gießmann und Bernhard Rinke, 70–85. Wiesbaden: VS Verlag für Sozialwissenschaften.

Kant, Immanuel. 1977 [1795]. Zum ewigen Frieden. In *Gesammelte Schriften*, Bd. VIII, hrsg. von der Königlich Preußischen Akademie der Wissenschaften, 341–386. Akademie-Ausgabe. Berlin: Walter de Gruyter.

Keohane, Robert O. 1989. *International Institutions and State Power. Essays in International Relations Theory.* Boulder: Westview Press.

Moravcsik, Andrew. 1997. Taking Preferences Seriously: A Liberal Theory of International Politics. *International Organization* 51 (4): 513–553.

Morgenthau, Hans G. 2005 [1948]. *Politics among Nations. The Struggle for Power and Peace.* 7. Aufl. New York: McGraw-Hill.

Müller, Harald. 2003. Begriff, Theorien und Praxis des Friedens. In *Die neuen Internationalen Beziehungen: Forschungsstand und Perspektiven in Deutschland*, hrsg. von Gunther Hellmann, Klaus Dieter Wolf und Michael Zürn, 209–250. Baden-Baden: Nomos.

Müller, Harald. 2008. Der „demokratische Frieden" und seine außen-
    politischen Konsequenzen. http://www.bpb.de/apuz/30908/der-de-
    mokratische-frieden-und-seine-aussenpolitischen-konsequenzen.
    Zugegriffen: 1. Oktober 2017.
Mutz, Reinhard. 2011. Europäische Friedensordnung. In *Handbuch
    Frieden*, hrsg. von Hans J. Gießmann und Bernhard Rinke, 225–235.
    Wiesbaden: VS Verlag für Sozialwissenschaften.
Waltz, Kenneth N. 1979. *Theory of International Politics*. New York:
    Random House.
Werkner, Ines-Jacqueline (Redaktion), Matthias Dembinski, Heinz Gärt-
    ner, Sarah Jäger, Hans Misselwitz, Rüdiger Noll und Konrad Raiser.
    2017. Berliner Memorandum. „Sicherheit neu denken – Wege des
    Friedens in Europa". *epd-Dokumentation* Nr. 40 vom 4. Oktober 2017.

Frieden und Sicherheit
Von der Begriffslogik zur epistemischen Haltung

Sabine Jaberg

1   Einleitung

Haben Frieden und Sicherheit als eigene Kategorien ausgedient?
In Anschluss an Christopher Daase und Philipp Offermann (2011,
S. 85) ließe sich die Frage durchaus bejahen. Sicherheit umfasst ihres
Erachtens heute all jene Werte, die einst den Frieden ausmachten.
Dies zeige sich in der Erweiterung militärischer Sicherheit um hu-
manitäre, ökonomische und ökologische Komponenten. Konstruk-
tion und Aufrechterhaltung eines Dualismus seien demnach nicht
(mehr) von der Sache gerechtfertigt, sondern dienten lediglich der
Abgrenzung konkurrierender Diskursgemeinschaften. Während
Sicherheit sich als „Goldstandard des Politischen" (Daase 2010, S. 1)
durchgesetzt habe, finde Frieden allenfalls noch in Sonntagsreden
Erwähnung. Anhänger eines Konzepts des gerechten Friedens, das
offensichtlich nicht „gerechte Sicherheit" heißen will, müssten dieser
Position widersprechen. Dafür hätten sie aber auch gute Argumente
anzuführen. Eingedenk des weiten Sicherheitsbegriffs kann sich
die Gewichtigkeit der Unterscheidung nicht mehr aus den erfassten
Themenfeldern ergeben. Hier ließe sich allenfalls die Behauptung

© Springer Fachmedien Wiesbaden GmbH, ein Teil von Springer Nature 2019
I.-J. Werkner und M. Fischer (Hrsg.), *Europäische Friedensordnungen
und Sicherheitsarchitekturen*, Gerechter Frieden,
https://doi.org/10.1007/978-3-658-23920-6_2

überprüfen, *alle* Friedensdimensionen seien dort abgebildet. Von kategorialem Gewicht wäre der Befund aber kaum.[1]

Der Slogan „Friedenslogik statt Sicherheitslogik" (Informationsstelle Wissenschaft und Frieden 2014) weist die Richtung. Damit ist gemeint, dass die Begriffe Frieden und Sicherheit im Laufe der Zeit eine eigene Form oder Grammatik ausgebildet haben, denen das Denken und Handeln *innerhalb* der Kategorien in einer Art Eigenbewegung folgt, die gleichwohl durch jedwede Praxis – in welchem Ausmaß auch immer – beeinflussbar bleibt. Eine solche Sichtweise positioniert sich zwischen einer normativen Ontologie, die Begriffe zu eigenen (unveränderbaren) Wesenheiten stilisierte, und einem naiven Sozialkonstruktivismus, der glaubt, Bedeutungen ließen sich in Diskursen nahezu beliebig verändern. Frieden und Sicherheit weisen aber auch über die „wirkliche Welt" hinaus auf ein Subjekt, das sich in ihr zu orientieren sucht. In diesem Kontext bildet es epistemische Haltungen aus, in denen sich auch die jeweiligen Begriffslogiken wiederfinden müssten.

Wie geht die Abhandlung vor? Der erste Schritt arbeitet die begriffslogischen Differenzen von Frieden und Sicherheit heraus. Der zweite zeigt das Konvergenzpotenzial im Sinne sicherheitslogischen Friedens beziehungsweise friedenslogischer Sicherheit auf. Der dritte problematisiert die Paradoxie, wonach das Streben nach Frieden und Sicherheit das jeweilige Gegenteil bewirken kann. Nach einer idealtypischen Kontrastierung der beiden epistemischen Haltungen im vierten Schritt skizziert der fünfte Möglichkeiten einer epistemischen Verarbeitung der Paradoxien. Ein Plädoyer für ein starkes Friedensverständnis rundet den Beitrag ab.

---

1   Dieser Beitrag basiert auf Jaberg (2017).

2   Begriffslogische Differenzen

Die Rekonstruktion der Friedens- und der Sicherheitslogik beginnt
mit einem Blick in die Begriffsgeschichte. Diese erhebt gemäß Hans
Erich Bödeker (2002, S. 120) den Anspruch, eine „Verknüpfung der
Geschichte des Denkens und des Sprechens mit der Geschichte der
Institutionen, Tatsachen und Ereignisse in Begriffsgefügen" herzu-
stellen. Dabei seien im Begriff, so Reinhart Koselleck (2010, S. 30),
„langfristig wirksame Erfahrungen […] sprachlich gespeichert", sie
hätten sich ihm geradezu „eingestiftet". Dafür sorgten nicht zuletzt
„sprachliche Wiederholungsstrukturen, die den Spielraum der
Rede so sehr freigeben wie begrenzen". Wenngleich revolutionäre
Bedeutungsbrüche oder evolutionäre Bedeutungsverschiebungen
nicht kategorisch auszuschließen sind, spricht doch viel für eine
gewisse Kontinuität des semantischen Kerngehalts. Aus diesem
Fundus gilt es, die jeweilige innere Logik zu destillieren.

Was gibt die Begriffsgeschichte über den Frieden zu erkennen?
Frieden verweist über das althochdeutsche *fridu* auf die Bedeu-
tungsinhalte Schonung und Freundschaft (Duden Etymologie
1989, S. 205). Wenngleich es sogar Liebe bedeuten könne, werde das
„Moment aktiver gegenseitiger Hilfe und Stütze stärker betont als
das der gefühlsmäßigen Bindung und Zuneigung" (Janssen 1975,
S. 543). Gleichzeitig konstatiert die Begriffsgeschichte zumindest
seit dem späteren Mittelalter eine strenge Entsprechung von *fride*
und *pax*, verstanden als kosmisches Ordnungsprinzip (vgl. Janssen
1975, S. 544). *Pax* steht aber auch für den Sachverhalt, dass Frieden
nur als Rechtsgemeinschaft denkbar ist, leitet es sich doch aus
pangere (verbindlich machen) und *pacisci* (Vertrag schließen) ab
(vgl. Koppe 2001, S. 18). Beim Frieden handelt es sich demnach „von
vornherein" um einen „soziale[n] Begriff" (Janssen 1975, S. 543).

Bereits diese begriffsgeschichtliche Exkursion offenbart erstens
eine soziale Dimension der Friedenslogik. Kein Akteur kann Frie-

den allein, sondern nur gemeinsam *mit* anderen verwirklichen, die
er gemäß germanischer Tradition als Freunde oder nach römischer
Tradition als Vertragspartner begreift. Frieden wäre mithin nicht
nur ein funktionales Miteinander, sondern implizierte auch ein
wechselseitiges Anerkennungsverhältnis. Damit eng verbunden
setzt Frieden zweitens Akteuren bei der Verfolgung ihrer Ansprüche
Grenzen. Denn Schonung als bedeutsamer Begriffsinhalt meint
rücksichtsvolle und behutsame Behandlung anderer (vgl. Duden,
Etymologie 1989, S. 647). Ihren konsequentesten Ausdruck findet
sie in absoluter Gewaltfreiheit. Dieser Gedanke kommt im zweiten
Bedeutungsinhalt des germanischen Friedensverständnisses noch
stärker zum Ausdruck. Denn Freundschaft bezeichnet ursprünglich
die „Gesamtheit der Verwandten", später ein „Freundesverhältnis".
Und „Freund" meint „persönlicher Vertrauter, Kamerad" (Duden,
Etymologie 1989, S. 205), den man im Gegensatz zum Feind gerade
nicht bekämpft. Hier weist Frieden sogar über eine bloße Anerkennung als prinzipiell Gleichwertige und Gleichberechtige hinaus
auf ein wechselseitiges Verantwortungs- und Vertrauensverhältnis
(vgl. Delhom und Hirsch 2015, S. 22ff.).

Was verrät die Begriffsgeschichte nun über Sicherheit? Bereits
das althochdeutsche Wort *sichurheit* enthält den Bedeutungsinhalt
des lateinischen *secura*, nämlich: ohne Sorge. Es bringt damit eine
subjektive Dimension zum Ausdruck. Erst später kommt der im
lateinischen *tutus* enthaltene Sinn wirklichen Geschütztseins
hinzu (vgl. Kaufmann 1973, S. 49ff.). Das steht für eine objektive
Dimension. Zwar spricht einiges dafür, dass die objektive Sicherheitslage sich im subjektiven Sicherheitsempfinden widerspiegelt.
Das Ergebnis wäre dann entweder reine Sicherheit oder reine
Unsicherheit. Allerdings besteht auch die Gefahr, dass objektive
und subjektive Dimensionen auseinanderklaffen: Als Ergebnis
stünde dann entweder falsche beziehungsweise trügerische Sicherheit oder Obsession (vgl. Frei 1977, S. 20f.). Gleichwohl tritt

der Sicherheitsbegriff nicht von Beginn an als politische Größe
in Erscheinung. Vielmehr ist das Schutzversprechen lange Zeit
im Frieden aufgehoben: „[E]rst Frieden [verbürgte] Sicherheit"
(Schwerdtfeger 1991, S. 25). Das ändert sich jedoch mit der Entstehung der Nationalstaaten seit dem Westfälischen Frieden (1648)
sowie den Schriften seiner philosophischen Apologeten – allen
voran Thomas Hobbes' Leviathan (1651). Während der Staatsfriede
sich fortan in der Gewährleistung von Sicherheit als „Zentralbegriff
des Staatszwecks" (Conze 1984, S. 845) erschöpft, wird der eigentliche Friedensbegriff frei zur „Bezeichnung […] zwischenstaatlicher
Verhältnisse" (Janssen 1975, S. 562).

Schon diese begriffsgeschichtlichen Ausführungen legen erstens
die asoziale Qualität der Sicherheitslogik frei: Sie denkt radikal
vom einzelnen Akteur her, der sich *vor* oder *gegen* andere schützen müsse. Gewiss sind Bündnisse oder Koalitionen denkbar,
etwa um die eigene Schlagkraft zu verstärken. Und zum Erhalt
dieser Zusammenschlüsse kann wechselseitige Rücksichtnahme
durchaus ratsam sein. Aber: Bündnisse und Koalitionen sind für
die Gewährleistung von Sicherheit nicht konstitutiv. Selbst wenn
sie es wären, würde das die asoziale Grundstruktur nicht überwinden, sondern nur auf eine andere Ebene verlagern: Sie schüfen
lediglich einen mehr oder weniger gefestigten Kollektivakteur, der
sich wiederum gegen seine Kontrahenten behaupten müsste. Dabei
setzt die Sicherheitslogik zweitens keine immanenten Grenzen.
Philosophischer Kronzeuge ist kein geringerer als Hobbes (vgl.
Jaberg 2014, S. 8): Er fordert für den Staat den freien Gebrauch
aller sicherheitsdienlichen Mittel einschließlich der Entscheidung
über Krieg und Frieden. Er spannt Sicherheit in keinen Zeitrahmen ein, vielmehr sei nicht erst *in*, sondern bereits *vor* der Gefahr
das Nötige zu tun. Er verzichtet auf inhaltliche wie geografische
Grenzen, wenn er dem Staat bei der Bedrohungsfeststellung volle
Ermessensfreiheit einräumt. Und er erhebt die ungeteilte staatli-

che Allmacht in den Rang einer Notwendigkeit. Sicherheit weist demnach expansive und totalitäre Tendenzen auf.

Die bisher in direkter Auseinandersetzung mit den Begriffen gewonnenen Einsichten werden durch eine indirekte Betrachtung, nämlich des aktuellen Begriffsumfeldes, bekräftigt. Dort, wo Kategorien gleichsam in einem Atemzug genannt werden, lässt sich mit gutem Grund eine innere Verwandtschaft vermuten. Der Sachverhalt, dass dies auch bei Frieden und Sicherheit der Fall ist, muss an dieser Stelle nicht weiter stören, sondern wird später erörtert. Ein zusätzlicher Blick auf die heute üblichen Negationen kann den Befund erhärten oder relativieren.

Welchen Aufschluss verschafft das aktuelle Begriffsumfeld über Frieden? Die gängigen Korrelationen bestätigen erstens den sozialen Charakter. Wo vom Frieden die Rede ist, ist jene vom Konflikt nicht weit (vgl. Galtung 1998, S. 131ff.). Unter Konflikt lässt sich eine tatsächliche oder mutmaßliche Inkompatibilität der Anliegen mindestens zweier Akteure verstehen. Damit denkt er den jeweils anderen als Gegenüber mit. Weitere Korrelationen unterstreichen diesen Befund. Die übliche Verbindung des Friedens mit Recht (vgl. Becker et al. 2010) weist die ihm Unterworfenen als formal gleichberechtigt aus. Die ebenfalls gängige Verknüpfung mit Gerechtigkeit (vgl. Strub 2010) offenbart eine inhaltliche Nähe zur germanischen Tradition der Schonung und Freundschaft mit Schwerpunkt auf der tätigen *gegenseitigen* Hilfe, bezieht sich Gerechtigkeit doch „auf einen Bereich von Handlungen und Einstellungen, die Personen *einander* schulden" (Gillner 2014, S. 64, Hervorh. d. Verf.). Darüber hinaus offenbart die Korrelation mit Entwicklung (vgl. Galtung 1998, S. 227ff.), dass Frieden konstruktiv auf die Entfaltung von Potenzialen zielt. Dementsprechend fungieren noch heute gemeinhin Krieg (vgl. Meyers 2011) und Gewalt (vgl. Galtung 1998, S. 17ff.) als Negation des Friedens, sind sie doch auf Zerstörung angelegt. Beide begrifflichen Gegenspieler bestätigen zweitens den Sachverhalt, dass Frieden der Verfolgung eigener Anliegen Grenzen setzt. Denn er kann dort, wo Krieg und Gewalt wüten, auf Dauer nicht sein. Sie stellen für ihn ein grundsätzliches normatives wie praktisches Problem dar, das gleichwohl in unterschiedlicher Radikalität aufgelöst werden kann: Gewaltfreiheit als (unhintergehbares) Dogma oder als (ausnahmefähige) Norm.

Welche Rückschlüsse lassen sich vom aktuellen Begriffsumfeld auf die Sicherheit ziehen? Die Suche nach üblichen Korrelationen zeigt: Wo Sicherheit thematisiert ist, lässt die Rede von Gefahren, Bedrohungen und Risiken nicht lange auf sich warten (vgl. Daase 2010, S. 15ff.; Münkler et al. 2010). Diese Kategorien bestätigen erstens den asozialen Charakter der Sicherheit: Sie implizieren einen bestimmten Akteur als entscheidende Referenz. Der „Andere" erfährt seine Bedeutung aus der Wertigkeit, die ihm der Akteur, um dessen Sicherheit es geht, zugesteht. Alle Korrelationsbegriffe bekräftigen die destruktive Dimension der Sicherheit: Es geht einzig um die Abwehr unerwünschter Phänomene. Als Negation fungiert heute gemeinhin Unsicherheit (vgl. Kaufmann 1973, S. 14ff.). Zweitens markieren damit Krieg und Gewalt keine grundsätzlichen Schranken bei der Verfolgung eigener Anliegen. Sie stellen mit Blick auf Sicherheit lediglich ein kontextuelles Problem dar: nämlich dann, wenn sie im Verdacht stehen, Unsicherheit zu produzieren. Als Instrument zur Generierung von Sicherheit gelten sie normativ wie praktisch als prinzipiell zulässig.

3   Begriffslogische Konvergenzen

Ein *Clou* des bisherigen Befunds liegt auf der Hand: Die jeweilige Logik vermag sich von ihrem Basisbegriff zu emanzipieren. Das bedeutet: Friedenslogik kann sich vom Friedensbegriff ebenso lösen wie die Sicherheitslogik vom Sicherheitsbegriff. Sie stünden mithin zur Verfügung, um unterschiedliche Themenfelder in ihrem Sinne politisch beziehungsweise konzeptionell durchzuarbeiten, wie Hanne-Margret Birckenbach (2015, S. 7) am Beispiel der Flüchtlingsbewegungen demonstriert. Bereits die hypothetische Möglichkeit einer freigesetzten Begriffslogik eröffnet der politischen Praxis beziehungsweise konzeptionellen Ausgestaltung von Frieden und Sicherheit Spielräume. Neben der Reinform eines friedenslogischen Friedens und einer sicherheitslogischen Sicherheit treten Hybridformen eines sicherheitslogischen Friedens und einer friedenslogischen Sicherheit. Letztlich könnte der Friedensbegriff sogar vollständig sicherheitslogisch gekapert werden, so dass von ihm kaum mehr als die sprachliche Hülle bliebe. Umgekehrt bestünde auch die Möglichkeit, den Sicherheitsbegriff derart friedenslogisch aufzuladen, dass die Differenz zum Frieden gleichsam aufgehoben wäre.

3.1   Sicherheitslogischer Frieden

Frieden würde in dem Maße durch die Sicherheitslogik überformt, wie ihm erstens sein sozialer Charakterzug abhanden geriete. Das wechselseitige Anerkennungsverhältnis bekäme dann eine zunehmende Schieflage zugunsten der jeweils eigenen Seite: Der Andere verlöre seinen Status als Partner, mit dem Frieden gemeinsam zu gestalten wäre. An seine Stelle träte der Konkurrent, den es zu übervorteilen, der Gegner, den es zu schlagen, oder der Feind, den es zu vernichten gälte. Dementsprechend verschöben sich zweitens die Grenzen bei der Verfolgung eigener Ansprüche: Zum einen stellten die berechtigten beziehungsweise rechtmäßigen Anliegen des Gegenübers keine grundsätzliche Schranke, sondern lediglich einen bei Bedarf einzukalkulierenden Faktor dar. Zum anderen nähme die Gewaltaversität des Friedens ab. Androhung

oder Einsatz gewaltsamer Mittel mutierten vom grundsätzlichen
Problem zur praktischen Herausforderung im Einzelfall.

Sicherheitslogische Friedenskonzeptionen können in unterschiedlichen Kontexten gedeihen: Unter den Bedingungen eines
relativen Mächtegleichgewichts leistet die anarchische Grundkonstellation einer Art Abschreckungsfrieden Vorschub. Die Zeit des
globalen Macht- und Systemgegensatzes liefert entsprechendes
Anschauungsmaterial. Damals versuchten antagonistische Mi-
litärbündnisse – Nordatlantische Vertragsorganisation (NATO)
und Warschauer Vertragsorganisation (WVO) – sich wechselseitig
in Schach zu halten. Frieden bedeutete in diesem Kontext kaum
mehr als die Abwesenheit eines die Menschheit vernichtenden
Nuklearkriegs (vgl. Johannsen 1994, S. 53ff.). Mit gutem Grund
wird diese Phase umgangssprachlich als Kalter Krieg oder friedenswissenschaftlich als „organisierte Friedlosigkeit" (Senghaas 1972)
bezeichnet. Unter den Bedingungen machtpolitischer Asymmetrie
hingegen wäre sicherheitslogischer Frieden etwa das Kollateral-
produkt hegemonialer oder gar imperialer Ordnungen, die zu
unterscheiden bei aller Umstrittenheit zumindest heuristischen
Mehrwert verspricht (vgl. Münkler 2005, S. 11ff. sowie S. 67ff.). In
beiden Fällen wäre ein besonders mächtiger Akteur mit dem Auftrag
versehen, öffentliche Güter (zum Beispiel Sicherheit, harte Wäh-
rung) bereitzustellen. Damit zöge in den Frieden zum einen eine
Hierarchie ein, die die Gleichwertigkeit und Gleichberechtigung
der Akteure aufhöbe. Zum anderen nähme in beiden Systemen
die Gewaltaversität des Friedens graduell ab. In der Hegemonie
deutete der Einsatz militärischer Mittel immerhin noch auf eine
Ausnahmesituation oder gar Systemkrise hin – sei es, dass der
Hegemon die eigentlich freiwillig zu leistende Gefolgschaft zu
erzwingen sucht, sei es, dass er mit einem Herausforderer um die
Vormachtstellung kämpft. Demgegenüber gehört im Imperium der
Gewaltmitteleinsatz sowohl zur Grenzsicherung nach außen als

auch zur Machtdemonstration nach innen zum normalen Repertoire (vgl. Münkler 2003 S. 123f.; Rosen 2003, S. 96ff.). Insofern
spiegelt insbesondere der imperiale Machtfrieden den Umstand
wider, dass allein römisches *pax* ohne germanisches *fridu* aus
heutiger Sicht friedenslogisch unvollständig bleibt.

3.2   Friedenslogische Sicherheit

Sicherheit näherte sich dem Frieden an, wenn sie erstens einen
sozialen Charakter entfaltete und damit zweitens auch Grenzen
insbesondere beim Rekurs auf militärische Mittel setzte. So könnte
der Akteur zur Einsicht kommen, seiner Sicherheit wäre besser
gedient, wenn er die Belange anderer in seiner Kalkulation berücksichtigte oder gar Kooperationen einginge. Das würde den asozialen
Charakter der Sicherheit zumindest mildern. Überwinden ließe
er sich aber nicht. Denn auch in einem solchen Kalkül bliebe der
eigene Nutzen die letzte Referenz. Anders könnte es sich jedoch
mit solchen Sicherheitskonzeptionen verhalten, die bereits im
Begriff eine soziale Komponente suggerieren. Erster Kandidat ist
die internationale Sicherheit, verweist sie doch auf einen zwischen
Nationen beziehungsweise Nationalstaaten bestehenden Zustand.
Daher handelt es sich zweifelsfrei um einen „Verhältnisbegriff"
(Daase 2010, S. 14). Das mag zwar eine soziale Dimension nahelegen,
kategorial abgebildet ist der Übergang zu einem politischen Miteinander jedoch nicht. Hier kommen solche Kandidaten ins Spiel, die
den Beteiligten zwingend abverlangen, sich nicht ausschließlich als
Gegner, sondern auch oder gar vornehmlich als Partner zu sehen:
Das träfe auf den ersten Blick bei Karl W. Deutschs Konzept der
Sicherheitsgemeinschaft zu, für das die Vorläufer der heutigen
Europäischen Union (EU) Pate gestanden haben. Da sich hier laut
Deutsch (1995 [1968], S. 375) Staaten vor allem gegen eine äußere

Bedrohung zusammengeschlossen haben, unterscheidet sich die Sicherheitsgemeinschaft von herkömmlichen Militärbündnissen lediglich durch ein höheres Integrationsniveau auch in zivilen Politikbereichen. Damit vermag sie zwar nach innen durchaus Züge einer Friedensgemeinschaft zu entwickeln, mit Blick auf den externen Gegner bliebe ihre Logik jedoch asozial. Es gibt aber auch geeignetere Kandidaten (vgl. Jaberg 1998, S. 141ff.): Während bei gemeinsamer Sicherheit, wie sie im Palme-Bericht entfaltet ist, sich die Gegenspieler hypothetisch an die Stelle einer neutralen „dritte[n] Autorität" (Mutz 1986, S. 53) setzen, um von dort aus auch ihre Politik zu reflektieren und fallbezogene konsensfähige Regelungsvorschläge zu erarbeiten, bildet kooperative Sicherheit, wie sie sich beispielhaft in der Organisation für Sicherheit und Zusammenarbeit in Europa (OSZE) findet, systematisch Regeln und Institutionen des friedlichen Miteinanders aus. Gleiches gilt für kollektive Sicherheit, die aber zusätzlich Zwangsmaßnahmen zur Einhaltung vereinbarter Normen vorsieht, wie dies in den Vereinten Nationen (UNO) der Fall ist. Sie drängt daher stärker auf eine rechtliche Grundlage, bildet wie der Frieden eine Rechtsgemeinschaft aus.

Einen Sonderfall stellt die Kategorie der *human security* dar. Denn ihr geht es gerade nicht um die (asoziale) Sicherheit eines besonderen individuellen oder kollektiven Subjekts, sondern um die eines jeden Menschen. Sie folgt damit einer Figur aus der Kant'schen Selbstzweckformel des praktischen Imperativs, nämlich der der „Menschheit in jeder Person".[2] Wenngleich diese zwischen allen Individuen hergestellte Verbindung nicht als aktuelle oder potenzielle Sozialbeziehung angelegt ist, setzt sie doch die si-

---

2   Kant (1968 [1786], S. 429) legt fest: „Der praktische Imperativ wird also folgender sein: *Handle so, daß du die Menschheit sowohl in deiner Person, als in der Person eines jeden andern jederzeit zugleich als Zweck, niemals bloß als Mittel brauchst*" (Hervorh. im Original).

cherheitstypische Eigenbezüglichkeit außer Kraft. Während die europäische Version der *human security* eher menschenrechtlich aufgeladen ist, unternehmen andere Spielarten unverkennbar eine sicherheitspolitische Reformulierung altbekannter Friedensbegriffe: Mit Galtung (1975, S. 7ff.) ausgedrückt entspricht die enge „kanadische" Variante *freedom from fear* dem „negativen Frieden" im Sinne einer Abwesenheit personaler Großgewalt. Demgegenüber betont die weite „japanische" Variante *freedom from want* ähnlich dem „positiven Frieden" den Aspekt nachhaltiger menschlicher Entwicklung. Deshalb bezieht sie zusätzliche lebensrelevante Faktoren ein. Hierzu zählen Ökonomie, Gesundheit, Ökologie, Gesellschaft und Politik (vgl. Ulbert und Werthes 2008). Im Kontext der Vereinten Nationen verbinden sich beide Spielarten mittlerweile mit der *freedom to live in dignity* zu einem Dreiklang (UNO 2012a, Ziff. 18). Im Konzept menschlicher Sicherheit ist es also durchaus möglich, die Grenze zwischen Frieden und Sicherheit zu verwischen oder zumindest augenscheinlich zu überwinden. Im Unterschied zur Sprache des Friedens löst der Jargon menschlicher Sicherheit aber zum einen das Individuum aus einem komplexeren Beziehungsgefüge heraus. Zum anderen setzt er die bezeichneten Phänomene begrifflich ungeschützt einer *securitization* aus, die einer militarisierten Praxis zumindest Vorschub leistet. Immerhin versucht die Resolution 66/290 der Generalversammlung der Vereinten Nationen (2012b, Ziff. 3e) hier gegenzusteuern, indem sie die „Androhung oder Anwendung von Gewalt oder Zwangsmaßnahmen" im Dienste der *human security* untersagt. Die Frage nach einer militärischen Intervention fiele jedoch in den verwandten Bereich der *responsibility to protect*, die einer eigenen friedenspolitischen Problematisierung zugeführt werden müsste (vgl. Jaberg 2013).

4   Begrifflslogische Paradoxien

Gerade bei Reflexionen in praktischer Absicht stellt sich die Frage
nach möglichen Paradoxien. In diesem Falle wäre eine Gegenläu-
figkeit von Ziel und Wirkung zu verzeichnen, die nicht bloß aus
fehlgeleiteter Praxis, sondern aus der (ungehegten) Eigenbewegung der jeweiligen Logik resultierte. Demnach würde Frieden zu
Unfrieden etwa in Form von Krieg und anderen Gewaltformen
führen, während Sicherheit in Unsicherheit beispielsweise in Form
von Bedrohungen oder gar Angriffen mündete.

4.1   Paradoxie des Friedens

Wo liegen mögliche Quellen für die Paradoxie des Friedens? Ein
erster starker Verdacht gründet in der Denkfigur der Wertphi-
losophie, nämlich der „Tyrannei der Werte". Während Nicolai
Hartmann (1949, S. 576f.) sie in der Verabsolutierung des Einzelwerts im menschlichen Wertgefühl verortet, identifiziert Carl
Schmitt (1979, S. 37f.) die Wertlogik an sich als eigentliches Übel.
Demnach zielten Werte auf die Zerstörung des Unwerts. Die Folge:
Nach Hartmann trüge jeder Wert zumindest seinen Gegensatz,
gemäß Schmitt sogar seine unentrinnbare Selbstzerstörung in
sich. Frieden führte demnach nicht zum Frieden, sondern zum
Krieg. Diese wertphilosophische Argumentation behauptet also
eine Paradoxie, die nicht nur auf unzulängliche Praxis, sondern
auf die Kategorie des Wertes als solchem zurückzuführen wäre.
Allerdings resultierte in beiden Versionen die Paradoxie des Frie-
denswerts aus seiner Konstruktion als reine Zielkategorie, deren
Inhalte die Umsetzungsmittel nicht durchwirkten.

   Ein zweiter Verdacht richtet sich auf das Prinzip der Parti-
kularität. Dazu zählen etwa räumliche Einschränkung, zeitliche

Befristung oder gesellschaftliche Exklusivität. Der Friedensraum könnte seine Umwelt bedrohen oder gar bekriegen. Die Friedenszeit ließe sich zur Vorbereitung auf künftige Scharmützel nutzen. Die in den Frieden inkludierten gesellschaftlichen Gruppen könnten die anderen dauerhaft exkludieren oder gar vernichten wollen. Überall dort, wo der Frieden endet, droht offenkundig der Rückfall in eine asoziale Grundstruktur. Mithin wäre hier nicht der Vollzug, sondern die Aussetzung der Friedenslogik das Problem.

Ein dritter Verdacht wurzelt ausschließlich in jenem Verständnis, wonach Frieden – genauer gesagt seine Gewaltfreiheit – nicht als unhintergehbares Dogma, sondern als ausnahmefähige Norm gilt. Denn die erlaubte Ausnahme ist ja nichts anderes als der normkonforme Ausstieg aus der Norm. Heute kämen dafür das Recht auf Selbstverteidigung, die internationale Schutzverantwortung oder Friedensmissionen der UNO nach Kapitel VII in Betracht. Zwar bestünde die Option einer zusätzlichen Reflexionsschleife, die den vollzogenen Ausstieg als integralen Bestandteil der Friedensnorm einzuschreiben versuchte. Allerdings drohte sie die Paradoxie nur zu kaschieren, die in ihrer Unsichtbarkeit sogar noch besser gedeihen könnte, weil die Differenz zwischen Verlassen und Befolgen der Norm nicht mehr erkennbar oder gar aufgehoben wäre. Die Ausstiegsoption impliziert drei Gefahren: Zum einen droht die Umkehrung des Denkstils, der die Friedensnorm nicht mehr von der Regel der Gewaltfreiheit, sondern von ihrer gewalthaltigen Ausnahme her entwickelte (zum Beispiel die Lehre vom gerechten Krieg). Zum anderen könnte ein normimmanentes Ungleichgewicht zugunsten der Ausnahme entstehen, wenn diese zur Regel mutierte, weil der Rekurs auf Gewalt in zu vielen Fällen erlaubt und keinen weiteren Beschränkungen unterworfen wäre. So stellte etwa ein entkonditionalisiertes Recht auf Selbstverteidigung den Staaten gleichsam einen Freibrief zum Gewaltmitteleinsatz aus. Des Weiteren wohnte jedem Ausnahmefall das Risiko inne, sich in der Praxis zu verstetigen. Eine Sonderform der Ausnahmeoption stellt Kants Denkfigur des ungerechten Feindes dar (vgl. Kant 1968 [1797], S. 349). Sie zeichnet sich insofern aus, als sie das elaborierte Normengerüst in Gänze zu sprengen in der Lage wäre. Paradebeispiel wäre in Anknüpfung an Kant ein machtvoller Akteur, dessen Verhalten einer Maxime folgte, die jede Friedensordnung zerstören oder verunmöglichen würde. Das nationalsozialistische Deutsche Reich fiele zweifelsfrei unter diese Kategorie. Sicherlich ließe sich das Auftreten eines ungerechten Feindes auch auf verfehlte Praxis zurückführen. Gleichwohl könnte die Friedenslogik selbst auf der Agenda stehen, wenn der Aggressor sich durch den erkennbaren „Verzicht" auf gewaltsame Gegenwehr zu seinem zerstörerisches Werk ermuntert sähe.

4.2   Paradoxie der Sicherheit

Welche Quellen münden in eine Paradoxie der Sicherheit? Ein erster Verdacht richtet sich auf das altbekannte Sicherheitsdilemma. In Anschluss an John H. Herz (1974, S. 39) lässt sich hier zwischen Ursache und Wirkung beziehungsweise Symptom unterscheiden: Die *Ursache* des Dilemmas besteht in der anarchischen Grundkonstellation, also in der fehlenden Integration der einzelnen Akteure in ein übergeordnetes Ganzes, das ihnen verlässlichen Schutz gewährte. Die Unsicherheit, welche die Beziehungen der Akteure in einer solchen Situation prägt, stellte die *Wirkung* beziehungsweise das *Symptom* dar, die sich wiederum in Selbsthilfestrategien manifestierten. *Per definitionem* lässt sich das Sicherheitsdilemma jenseits eines wirksamen globalen Gewaltmonopols nicht ursächlich beheben. Ohne einen solchen Weltstaat bestünde zum einen die Möglichkeit, diesen im Rahmen einer mit Sanktionsgewalt ausgestatteten internationalen Organisation weitgehend zu simulieren, soll nicht einem weltumspannenden Imperium mit seiner immanenten Gewaltsamkeit das Wort geredet werden. Unterhalb dieser Schwelle wäre noch eine Hegemonie denkbar, die die anarchische Grundkonstellation eher regulierte als überwände. Zum anderen bliebe die Option, das *Symptom* der Anarchie – also die strukturell bedingte Ungewissheit über das aktuelle wie künftige Verhalten der jeweils anderen Akteure – durch demonstrativ defensiv wie kooperativ ausgelegte Politiken zu mildern. Je mehr sich diese verstetigten und verdichteten, desto deutlicher stiegen auch unter anarchischen Bedingungen die Chancen auf eine stabile Verhaltenskultur ohne praktischen Rekurs auf das Selbsthilfeprinzip. Hier schlüge Sicherheit durchaus eine friedenslogische Richtung ein.

Ein zweiter Verdacht entspringt der Möglichkeit eines Bumerang-Effekts. Damit ist gemeint, dass Vorkehrungen, die ein Akteur zu seiner Sicherheit ergreift, unmittelbar oder zeitversetzt auf ihn zurückschlagen. Beispielsweise könnte er sich durch Entwicklungen in anderen Regionen bedroht sehen und die Parteien aufrüsten, die seiner Sicherheit am dienlichsten erscheinen. Nun bestünde für ihn die Gefahr, dass entweder die aufgerüsteten Partner sich umorientieren, oder die Waffen durch Eroberung beziehungsweise Verkauf in die Hände ihrer Gegenspieler fielen. Gleichwohl ließe sich eine solche Konstellation auch als Auftakt einer neuen Runde der Sicherheitslogik begreifen, welche die alte abschlösse.

Ein dritter Verdacht zielt auf den weiten Sicherheitsbegriff. Durch die Einbeziehung vieler Aspekte (zum Beispiel Wohlstand, Macht, Einfluss, Werte) wüchse nämlich die Gefahr einer Kollision mit Zielen und Praktiken anderer Akteure. Grund dafür ist die seit Hobbes existenzielle Aufladung des Sicherheitsbegriffs. Sie setzt die „grammar of security" (Buzan et al. 1998, S. 33) frei, die Politik in eine Art Notwehrmodus katapultiert, der den Einsatz militärischer Mittel erlaubt, da das eigene Überleben auf dem Spiel zu stehen scheint. Als Ergebnis einer extensiven *securitization* droht unter Umständen, wie Reinhard Mutz (1987, S. 275) bereits früh pointiert, „nicht Sicherheit […], sondern durch Übermut und Anmaßung gesteigerte Unsicherheit". Je mehr Akteure einem auf die eigenen Belange reduzierten und inhaltlich erweiterten Sicherheitsbegriff folgten, desto stärker potenzierte sich die Unsicherheit im System. Weltsicherheit wäre nach Daniel Frei (1977, S. 46) dann „nicht die Summe der Sicherheit der Einzelstaaten, sondern im Gegenteil: Sie sinkt ins Minus ab, je mehr einzelstaatliche Interessen zusammenaddiert werden". Gewiss ließen inhaltliche Erweiterungen auch auf gegenteilige Effekte hoffen. Die Ausdehnung des Sicherheitsbegriffs könnte eine politische Aufwertung der neu erfassten Themen in Aussicht stellen. Und die Erweiterung des militärischen Instrumentariums um zivile Mittel ließe sich in der Absicht einer Zivilisierung oder gar Entmilitarisierung des sicherheitspolitischen Repertoires vornehmen. Die Antwort auf die Frage, ob sich beide Hoffnungen verwirklichen, hängt eingedenk der Möglichkeit begrifflicher Revolutionen wie Evolutionen nicht zuletzt davon ab, wie stabil beziehungsweise hegemonial die im Rahmen dieses Beitrages entwickelte Form der Sicherheitslogik noch ist. Schwächelte sie, bestünden durchaus Erfolgschancen. Andernfalls drohte die Gefahr, dass die Sicherheitslogik fortan auch die neu hinzugewonnenen Ziele beziehungsweise Mittel erfasste.

5 Frieden und Sicherheit als konträre epistemische Haltungen

Wer sich als Person auf Frieden beziehungsweise Sicherheit einlässt, dürfte ein ihnen entsprechendes Orientierungswissen ausbilden. Darunter versteht Johanna Seibt (2005, S. 209f.) „eine praktische Fertigkeit, die sich aber primär nicht in einer Handlung, sondern in der Einnahme einer *epistemischen Haltung* manifestiert" (Her-

vorh. d. Verf.). „Epistemisch" meint hier den Sachverhalt, dass es
sich um eine dem Wissen vorgelagerte oder übergeordnete Ebene
handelt, welche die Wahrnehmungsweise bestimmt. Wie stark
gerade diese Form der Haltung die Person prägen könnte, unter-
streicht Seibt (2005, S. 212), wenn sie bereits die erste reflexartige
Reaktion des Körpers auf einen Reiz als Einstieg in die kognitive
Orientierung anerkennt. Die unterschiedlichen epistemischen
Haltungen, die Frieden und Sicherheit generieren, lassen sich
idealtypisch kontrastieren.

Das erste Gegensatzpaar lautet *Sozialität versus Asozialität:* Wer
sich am Frieden orientiert, denkt in sozialen Bezugssystemen. In
Anschluss an die römische Tradition setzt er auf die Ausbildung
einer Rechtsgemeinschaft, das heißt er sieht den Anderen als aktuellen oder potenziellen Vertragspartner. In Anknüpfung an die
germanische Tradition betrachtet er den Anderen eher als Freund,
er denkt mithin stärker in Kategorien der Verantwortungs- und
Vertrauensgemeinschaft. Damit neigt er auch zur Symmetrie,
gesteht dem Anderen Gleichberechtigung und Gleichwertigkeit
zu. Wer sich an Sicherheit orientiert, neigt hingegen zur Selbstbe-
züglichkeit. Er sieht sich in einer prinzipiell feindlichen Umwelt
auf sich allein gestellt, das heißt er setzt den Anderen zunächst
unter Feindverdacht. Allenfalls betrachtet er ihn als (möglichen)
Verbündeten, der seine Schlagkraft gegenüber aktuellen oder potenziellen Gegnern verstärkt. Folglich tendiert er zur Asymmetrie,
spricht dem Anderen die gleichen Rechte ab und eine lediglich aus
dem eigenen Kalkül abgeleitete Wertigkeit zu.

Das zweite Gegensatzpaar heißt *Gewaltaversität versus Gewaltindifferenz:* Wer sich vom Frieden leiten lässt, neigt allein schon
wegen dessen Sozialität, die symmetrische Beziehungsmuster
impliziert, zur Gewaltaversität. Er will den Anderen schonen, aber
eben auch selbst geschont werden. Er achtet zumindest darauf,
irreversible Folgeschäden weder zu verursachen noch zu erleiden.

Daher schließt er den Rekurs auf Gewaltmittel aus. Das zwingt ihn dazu, seinen Horizont zu erweitern, und alle (personalen, strukturellen und kulturellen) Faktoren ins Visier zu nehmen, die Gewalt vermeiden und Frieden fördern könnten. Damit achtet er darauf, den Zeitrahmen durch Prävention zu erweitern, anstatt diesen durch unnötige Dramatisierungen der Lage oder anderweitige Konflikteskalation zu verengen. Wer sich hingegen von Sicherheit leiten lässt, der neigt bereits wegen ihrer Asozialität, die asymmetrische Beziehungsmuster ausbildet, zur (einseitigen) Gewaltindifferenz. Er will zwar selbst nicht Opfer von Gewalt werden, wäre aber bereit, sie anderen Akteuren anzudrohen oder gar anzutun. Irreversible Folgeschäden nähme er zumindest bei der gegnerischen Seite in Kauf. Insgesamt verengt der Verfechter der Sicherheit seinen Horizont: Er fokussiert auf die personalen Komponenten der Bedrohung wie der Reaktion. Folglich ignoriert er strukturelle und kulturelle Faktoren oder verkürzt sie auf ihren unmittelbaren Wirkungsverbund mit der personalen Komponente. Da er erst auf akute oder sich zumindest abzeichnende Problemlagen reagiert, verknappt er den Zeithorizont. Bereits mit der Verwendung des Sicherheitslabels dramatisiert er die Lage. Denn Sicherheit steht in einem engen Verweisungszusammenhang mit dem physischen Überleben, was dem Einsatz militärischer Mittel zumindest Vorschub leistet. Das Denken in Sicherheitskategorien trägt mithin zur Konflikteskalation bei.

Die beiden genannten Differenzen münden in ein drittes Gegensatzpaar *Optimismus versus Pessimismus:* Wer sich am Frieden orientiert, denkt eher optimistisch. Zum einen betont er die Chancen auch in Konflikten, gewährt dem Gegenüber einen Vertrauensvorschuss und setzt auf die Kraft der Gewaltfreiheit. Er befürwortet Kooperation mit dem potenziellen Gegner bis hin zur inklusiven Gemeinschaftsbildung. Zum anderen versucht er, konstruktiv Potenziale zu entfalten, also Recht, Gerechtigkeit und

Entwicklung zu fördern. Wer sich an Sicherheit ausrichtet, denkt hingegen eher pessimistisch. Zum einen betont er die Risiken insbesondere von Konflikten und begegnet anderen Akteuren stärker mit Misstrauen. Er schließt Kooperation zwar nicht kategorisch aus, wappnet sich aber vornehmlich für den Fall der Konfrontation. Gemeinschaftsbildung denkt er allenfalls exklusiv zwischen Bündnispartnern, während er aktuelle oder potenzielle Kontrahenten ausgrenzt. Zum anderen fokussiert er eher destruktiv darauf, Bedrohungen, Risiken und Gefahren abzuwehren.

6 Epistemische Verarbeitung der Paradoxien

Wer nicht Gefahr laufen will, sich in den Paradoxien der jeweiligen Ausgangskategorien zu verfangen, dem bleibt nichts anderes übrig, als sie reflexiv durchgearbeitet seinem Orientierungswissen einzugliedern, das heißt seiner epistemischen Haltung einzuschreiben.

6.1 Optionen für die Paradoxie des Friedens

Was bedeutet das mit Blick auf den Frieden? Wer erstens dessen „Tyrannei" verhindern will, der folgte Hartmanns Vorgabe (1949, S. 250ff.), der Verabsolutierung des Friedens als Einzelwert durch dessen Einbindung in ein komplexes Wertgefüge entgegenzuwirken. Karlheinz Koppe (1990, S. 110) etwa beschreitet diesen Lösungsweg. Er spannt sein Konzept einer „friedensverträgliche[n]" Sicherheit in ein elaboriertes Bezugssystem ein (zum Beispiel Partnerverträglichkeit, Fehlerfreundlichkeit). Auch Galtungs Plädoyer (1998, S. 40) für den Plural im Sinne von „*die* Frieden" wirkt der Verabsolutierung des Einzelwerts entgegen. Es bestünde aber

auch gegen Hartmann und Schmitt die Option, „Wert" gleichermaßen als Ziel- *und* Mittelkategorie zu begreifen. Mit Blick auf
den Frieden hieße die Losung „Frieden mit friedlichen Mitteln"
(Galtung 1998). Das heißt es ginge exklusiv um Maßnahmen, in
denen das Ziel des Friedens bereits vorweggenommen wäre. Noch
einen Schritt weiter führte Mahatma Gandhis geflügeltes Wort:
„Es gibt keinen Weg zum Frieden. Der Frieden ist der Weg." Diese
Metapher böte nicht einmal gedankliche Ansatzpunkte für eine
Halbierung des Friedens, weil sie eben auf jene Dualität verzichtete,
die sogar im Plädoyer für die Einheit von Ziel *und* Mittel immer
noch erkennbar bliebe. In allerletzter Konsequenz impliziert dies
die (ihrerseits zu problematisierende) Bereitschaft, Gewalt selbst
zu erleiden oder auch andere erleiden zu lassen, wenn sie durch
Gewaltfreiheit nicht überwunden werden kann: Nach Wolfgang
Sternstein (1984, S. 10) sei sogar der eigene Tod nicht als Niederlage,
sondern als Sieg zu werten, denn „[i]n ihm ist eine Kette tödlicher
Gewalttaten an ihr Ende gelangt". Die Weg-Metapher immunisiert
sich gegen die Gewaltversuchung infolge einer (begründeten)
Vermutung, dass Gewaltfreiheit den gewünschten Frieden verfehlt, nicht nur normativ, sondern bereits epistemisch. Gleichwohl
wäre sogar sie vor Gewalteinbrüchen nicht gefeit. Zum einen ließe
sich das gewaltsame Ende einer Gewaltkette ebenfalls als Gewalt
bewerten. Zum anderen könnte ein Weg nach Einschätzung
des Wanderers irgendwann enden, sich als Sackgasse oder gar als
Irrweg erweisen. Dann bestünde die Gefahr, dass ein neuer Weg
der Gewalt mit der gleichen Totalität beschritten würde, wie zuvor
derjenige des Friedens. Hier könnte sich die Ziel-Mittel-Kategorie
als friedensdienlicher erweisen, weil sie erlaubte, die Instrumente
nachzujustieren, ohne das Ziel infrage zu stellen.

Wer zweitens Trennlinien vermeiden will, an denen Frieden in
Unfrieden umschlägt, könnte sie durch kluge Praxis zu vermeiden
suchen. Diese Aufgabe ließe sich verlässlicher bewältigen, wenn

sie kategorial aufgefangen würde. In diesem Sinne wäre Frieden als Begriff niemals partikular, sondern stets universal zu denken: geografisch global, zeitlich unbefristet und gesellschaftlich inklusiv. Dort, wo sich der Frieden empirisch bereits als Partikular etabliert hätte, wäre er im Lichte einer „potentielle[n] Geltungsuniversalität" (Zsifkovitz 1973, S. 20) zu betrachten. Potenziell bedeutet dabei lediglich, dass er ungeachtet der jeweiligen Erfolgsaussichten die prinzipielle Möglichkeit auf Universalität eröffnen müsste. Als Vorgriff auf eine spätere Inklusion dehnte sich der Frieden einschließlich seines sozialen Moments auf die (noch) exkludierten Bereiche aus.

Wer Frieden beziehungsweise dessen Gewaltfreiheit nicht als Dogma, sondern lediglich als Norm begreift, die Ausnahmen zulässt, der bewacht drittens die Ausstiegstür aus der Gewaltfreiheit mit Argusaugen: Er denkt vom Frieden und nicht von der Ausnahme her, er sorgt innerhalb der Norm durch strikte Konditionierung und Begrenzung der Ausstiegsoption für ein starkes Übergewicht des Friedens. Und er achtet darauf, dass die epistemische Haltung des Friedens nicht unter der Hand zu einer der Gewalt mutiert. Eine besondere Herausforderung stellt die epistemische Verarbeitung der expliziten oder impliziten Denkfigur des „ungerechten Feindes" dar. Dazu könnte der Verfechter des Friedens zunächst vor einem bellizistischen Fehlschluss warnen: Das (vorläufige) Scheitern friedlicher Wege bedeutet ja keineswegs eine Erfolgsgarantie für Alternativoptionen. Letztlich könnte gerade die bewaffnete Gegenwehr zur Vergrößerung des Unheils beitragen, was die Rückkehr zur Friedenslogik immer unwahrscheinlicher machte. Eigentlich dürfte der ungerechte Feind als Argumentationsfigur gar nicht zur Verfügung stehen.[3] Sie hat sich jedoch mit Kant etabliert, das

---

3 Bereits Christina Schües (2018, S. 100) formuliert diesen Grundgedanken in anderem Kontext und Vokabular: „Der gerechte Frieden kennt [...] keine gerechten Feinde".

heißt sie lässt sich nicht ignorieren. Auch ein Denkverbot scheidet als Ausdruck einer ebenfalls vermeidungsbedürftigen Tyrannei der Werte aus. Unterhalb dieser Schwelle böte es sich jedoch an, die Warnung der Juristen *bad cases make bad law* in ein *bad enemies make bad peace* zu übersetzen. Damit verweigerte sich der Anhänger des Friedens immerhin einer Paradigmatisierung des ungerechten Feinds. Was wäre jedoch, wenn er in der Praxis auf ein Problem dieser Größenordnung stieße? Ließe er sich auf die Ausnahme ein, drohte die Haltung des Friedens zusehends einer der Gewalt zu weichen. Zwar könnte er den vollzogenen Ausstieg in die Norm „hineinhegeln". Das würde aber das Problem lediglich eskamotieren, anstatt es zu lösen. Allerdings könnte der Anhänger des Friedens seine Aufmerksamkeit auch auf andere Sachverhalte verlagern: Bei einer Phänomenverlagerung konzentrierte er sich auf die Begleiterscheinungen, die der „ungerechte Feind" produziert (zum Beispiel Flucht und Vertreibung). Bei einer Fallverlagerung fokussierte er auf andere Konstellationen, die einer friedenslogischen Bearbeitung zugänglicher erscheinen. Bei einer Zeitverlagerung richtete er seinen Blick in die Vergangenheit, um aus deren Fehlern für die Zukunft zu lernen. Nichtsdestoweniger bleibt die Denkfigur des ungerechten Feindes die größte epistemische Herausforderung für konsequentes Friedensdenken.

6.2   Optionen für die Paradoxie der Sicherheit

Wie ließen sich nun die Paradoxien der Sicherheit epistemisch verarbeiten? Sie durch noch mehr Sicherheit auszumerzen – allein die Vorstellung grenzte an Hybris. Eine auf Dauer gestellte Omnidominanz in Kombination mit Megadominanz dürfte angesichts des mittlerweile Jahrtausende währenden Auf- und Abstiegs von Weltmächten eine eher theoretische Größe bleiben. Außerdem bliebe eine derartige Hypermacht durch asymmetrische Aktionsformen verwundbar. Wie könnten die Paradoxien der Sicherheit nun epistemisch aufgefangen werden? Wer erstens das Sicherheitsdilemma ursächlich angehen, das heißt sich nicht mit einer hegemonial regulierten Anarchie zufriedengeben oder gar in ein Imperium flüchten will, der denkt in Kategorien der Gemeinschaftsbildung mit weltstaatlichen Tendenzen (vgl. Hannemann 2016). Möchte er (zunächst) lediglich am Symptom kurieren, also die strukturell bedingte Ungewissheit über die Absichten des Gegenübers mildern, dann befürwortet er demonstrativ defensive wie kooperative Politikstile. Wer zweitens einen Bumerang-Effekt zu verhindern beabsichtigt, der unterlässt alle Handlungen, die sich gegen ihn verkehren könnten (zum Beispiel Waffenhilfe). Wer drittens die Gefahr einer Kollision konkurrierender Sicherheitsanliegen minimieren will, der verzichtet auf eine extensive *securitization* und favorisiert einen inhaltlich engen Sicherheitsbegriff.

7   Plädoyer für einen starken Frieden

Verliert mit der Möglichkeit sicherheitslogischen Friedens und friedenslogischer Sicherheit nicht die Ausgangsunterscheidung ihre Relevanz? Keineswegs: Erstens bleibt bei allem Konvergenzpotenzial die Wahl der obersten Kategorie relevant. Sie durchfärbt alles, was ihr in den Blick gerät. So macht es einen Unterschied, ob Frieden aus einer Sicherheitsperspektive zugerichtet oder Sicherheit aus einer Friedensperspektive entfaltet wird. Zweitens sind die Kategorien in unterschiedlichem Maße anfällig für Paradoxien. Vor allem lässt sich die Paradoxie des Friedens innerhalb der Friedenslogik auffangen. Demgegenüber würde die Paradoxie der Sicherheit durch noch mehr Sicherheitslogik vergrößert, das heißt ihre Bearbeitung verlangt geradezu den Rekurs auf die Friedenslogik. Drittens macht es aus heuristischen Erwägungen Sinn, Frieden und Sicherheit in ihren jeweiligen Eigenheiten zu begreifen, um auch Hybridformen in ihren immanenten Widersprüchlichkeiten besser zu verstehen. Das hilft viertens dem Subjekt bei der Orientierung im Sinne der Ausbildung einer differenzierten epistemischen Haltung, die sich ihrer möglichen Paradoxien bewusst ist. Abstriche am Ideal sollten daher nicht bereits im Vorfeld gedanklich vollzogen, sondern allenfalls der „Realität" beziehungsweise dem „Diskurs" in harter Auseinandersetzung abgerungen werden. Insofern spräche aus Sicht der Verfechter eines gerechten Friedens einiges dafür, die Ausgangsposition stark zu formulieren. Das bedeutet in letzter Konsequenz, Gewaltfreiheit als unhintergehbares Dogma zu begreifen oder im Falle einer ausnahmefähigen Norm den Ausstieg so strikt zu konditionieren, dass sie einem Dogma möglichst nahe kommt.

Führt diese Position zur Sprachlosigkeit gegenüber den Advokaten der Sicherheit? Das kann, muss aber nicht so sein. Denn erstens stellt die „natürliche" Sprache den Kontrahenten ein Instrument zur Verfügung, um sich sogar über grundlegende Differenzen auszutauschen. Zumindest ein solcher Meta-Diskurs liegt im Bereich des Möglichen. Je weniger die Positionen anthropologisch oder ontologisch zementiert vorgetragen würden, desto besser stünden die Chancen für einen konstruktiven Austausch. Denn Frieden und Sicherheit verfügen zweitens über eine inhaltliche Schnittstelle: die verlässliche Abwesenheit personaler Großgewalt. Das kann nicht wundernehmen, war der Schutzgedanke doch lange im Friedensbegriff aufgehoben, ehe er sich im Sicherheitsbegriff verselbständigt hatte. Aus Sicht der Friedenslogik geht es also darum, den schlichten Schutzgedanken wieder einzufangen und im eigenen Modus durchzuarbeiten. Darüber ließe sich zwischen Vertretern beider Ansätze trefflich streiten. Und drittens besteht politisch wie konzeptionell zwischen den beiden Polen eines friedenslogischen Friedens und einer sicherheitslogischen Sicherheit

eine Menge politischer beziehungsweise konzeptioneller Misch-
formen. Das Konzept des gerechten Friedens enthält jedoch bereits
begrifflich eine klare Präferenz für den Frieden. Dieser dürfte
sicherheitslogisch nicht unterspült werden. Den Sicherheitsbegriff
bräuchte das Konzept eigentlich nicht. Sollte er dennoch verwendet
werden, hieße es, ihn friedenslogisch auszufüllen. Im Disput mit
Verfechtern der Sicherheitslogik wäre jedoch ein informierter Dis-
sens einem nur vordergründigen Konsens oder gar einem faulen
Kompromiss allemal vorzuziehen.

Literatur

Becker, Peter, Reiner Braun und Dieter Deiseroth (Hrsg.). 2010. *Frieden
durch Recht?* Berlin: Berliner Wissenschaftsverlag.
Birckenbach, Hanne-Margret. 2015. *Leitbild Frieden – Was heißt friedens-
logische Flüchtlingspolitik.* Berlin: Brot für die Welt et al.
Bödeker, Hans Erich. 2002. Reflexionen über Begriffsgeschichte als Me-
thode. In *Begriffsgeschichte, Diskursgeschichte, Metapherngeschichte,*
hrsg. von Hans Erich Bödeker, 73–121. Göttingen: Wallstein Verlag.
Buzan, Barry, Ole Waever und Jaap de Wilde. 1998. *Security. A New
Framework for Analysis.* Boulder: Lynne Rienner.
Conze, Werner. 1984. Sicherheit, Schutz. In *Geschichtliche Grundbegriffe.
Historisches Lexikon zur politisch-sozialen Sprache in Deutschland.* Bd.
5, hrsg. von Otto Brunner, Werner Conze und Reinhart Koselleck,
831–862. Stuttgart: Klett-Cotta.
Deutsch, Karl W. 1995 [1968]. Frieden und die Problematik politischer
Gemeinschaftsbildung auf internationaler Ebene. In *Den Frieden
denken. Si vis pacem, para pacem,* hrsg. von Dieter Senghaas, 363–382.
Frankfurt a. M.: Suhrkamp.
Daase, Christopher. 2010. *Der erweiterte Sicherheitsbegriff.* Working Paper
im Projekt Sicherheitskultur im Wandel an der Goethe-Universität
Frankfurt. Frankfurt a. M.: Goethe-Universität Frankfurt.

Daase, Christopher und Philipp Offermann. 2011. Subkulturen der Sicherheit. Die Münchner Sicherheitskonferenz und die Münchner Friedenskonferenz im Vergleich. *Sicherheit und Frieden (S+F)* 29 (2): 84–89.

Delhom, Pascal und Alfred Hirsch. 2015. Einleitung: Friedensbindungen aus Verantwortung und Vertrauen. In *Friedensgesellschaften zwischen Verantwortung und Vertrauen*, hrsg. von Pascal Delhom und Alfred Hirsch, 7–33. Freiburg: Verlag Karl Alber.

Duden. 1989. *Etymologie. Herkunftswörterbuch der deutschen Sprache.* 2. Aufl. Mannheim: Dudenverlag.

Frei, Daniel. 1977. *Sicherheit. Grundfragen der Weltpolitik.* Stuttgart: Kohlhammer.

Galtung, Johan. 1975. *Strukturelle Gewalt. Beiträge zur Friedens- und Konfliktforschung.* Reinbek bei Hamburg: Rowohlt Verlag.

Galtung, Johan. 1998. *Frieden mit friedlichen Mitteln. Friede und Konflikt, Entwicklung und Kultur.* Opladen: Leske + Budrich.

Gillner, Matthias. 2014. Gerechtigkeit. In *Ethik-Kompass. 77 Leitbegriffe*, hrsg. von Klaus Ebeling und Matthias Gillner, 64–65. Freiburg im Breisgau: Herder.

Hannemann, Dirk. 2016. Weltstaat als globale Demokratie. Perspektiven für kritische Ansätze. *Wissenschaft und Frieden (W&F)* 34 (4): 34–37.

Hartmann, Nicolai. 1949. *Ethik.* 3. Aufl. Berlin: Walter de Gruyter.

Herz, John H. 1974. *Staatenwelt und Weltpolitik. Aufsätze zur internationalen Politik im Nuklearzeitalter.* Hamburg: Hoffmann und Campe.

Informationsstelle Wissenschaft und Frieden in Zusammenarbeit mit der Plattform Zivile Konfliktbearbeitung (Hrsg.). 2014. *Friedenslogik statt Sicherheitslogik. Theoretische Grundlagen und friedenspolitische Realisierung.* Bonn: Wissenschaft und Frieden (W&F).

Jaberg, Sabine. 1998. *Systeme kollektiver Sicherheit in und für Europa in Theorie, Praxis und Entwurf. Ein systemwissenschaftlicher Versuch.* Baden-Baden: Nomos.

Jaberg, Sabine. 2013. Responsibility to Protect: Baustein der Weltinnenpolitik oder Humanitäre Intervention in neuem Gewand? In *Die Humanitäre Intervention in der ethischen Beurteilung*, hrsg. von Hubertus Busche und Daniel Schubbe, 239–265. Tübingen: Mohr Siebeck.

Jaberg, Sabine. 2014. Sicherheitslogik. Eine historisch-genetische Analyse und mögliche Konsequenzen. In *Friedenslogik statt Sicherheitslogik. Theoretische Grundlagen und friedenspolitische Realisierung*, hrsg. von der Informationsstelle Wissenschaft und Frieden in Zusammenarbeit mit der Plattform Zivile Konfliktbearbeitung, 8–11. Bonn: Wissenschaft und Frieden (W&F).

Jaberg, Sabine. 2017. Frieden und Sicherheit. In *Handbuch Friedensethik*, hrsg. von Ines-Jacqueline Werkner und Klaus Ebeling, 43–53. Wiesbaden: Springer VS.

Janssen, Wilhelm. 1975. Friede. In *Geschichtliche Grundbegriffe. Historisches Lexikon zur politisch-sozialen Sprache in Deutschland*. Bd. 2, hrsg. von Otto Brunner, Werner Conze und Reinhart Koselleck, 543–591. Stuttgart: Ernst Klett Verlag.

Johannsen, Margret. 1994. *Amerikanische Nuklearwaffen in Europa. Funktion und Bedeutung im Spiegel der Kongreßdebatten über den INF-Vertrag*. Baden-Baden: Nomos.

Kaufmann, Franz-Xaver. 1973. *Sicherheit als soziologisches und sozialpolitisches Problem. Untersuchungen zu einer Wertidee hochdifferenzierter Gesellschaften*. 2. umgearb. Aufl. Stuttgart: Ferdinand Enke.

Kant, Immanuel. 1968 [1786]. Grundlegung zur Metaphysik der Sitten. In *Kants Werke*. Akademie-Textausgabe. Unveränderter photomechanischer Abdruck des Textes von der Preußischen Akademie der Wissenschaften 1902 begonnenen Ausgabe von Kants gesammelten Schriften. Bd. 4: Kritik der reinen Vernunft (1. Aufl. 1781). Prolegomena. Grundlegung zur Metaphysik der Sitten. Metaphysische Anfangsgründe der Naturwissenschaften, 385–464. Berlin: Walter de Gruyter.

Kant, Immanuel. 1968 [1797]. Die Metaphysik der Sitten. In *Kants Werke*. Akademie-Textausgabe. Unveränderter photomechanischer Abdruck des Textes von der Preußischen Akademie der Wissenschaften 1902 begonnenen Ausgabe von Kants gesammelten Schriften. Bd. 6: Die Religion innerhalb der Grenzen der bloßen Vernunft. Die Metaphysik der Sitten, 203–494. Berlin: Walter de Gruyter.

Koppe, Karlheinz. 1990. Exkurs zum Friedensbegriff in der Friedenswissenschaft. In *Friedensforschung in Deutschland. Lagebeurteilung und Perspektiven für die neunziger Jahre. Dokumentation eines Kolloquiums Berlin 17.-19. Juli 1990*, hrsg. von Karlheinz Koppe und Dieter Senghaas, 106–110. Bonn: Arbeitsstelle Friedensforschung Bonn.

Koppe, Karlheinz. 2001. *Der vergessene Frieden. Friedensvorstellungen von der Antike bis zur Gegenwart*. Opladen: Leske + Budrich.

Koselleck, Reinhart. 2010. *Begriffsgeschichten. Studien zur Semantik und Pragmatik der politischen und sozialen Sprache.* Frankfurt a. M.: Suhrkamp.

Meyers, Reinhard. 2011. Krieg und Frieden. In *Handbuch Frieden*, hrsg. von Hans J. Gießmann und Bernhard Rinke, 21–50. Wiesbaden: VS Verlag für Sozialwissenschaften.

Münkler, Herfried. 2003. Das Prinzip Empire. In *Empire Amerika. Perspektiven einer neuen Weltordnung*, hrsg. von Ulrich Speck und Natan Sznaider. 104–125. München: Deutsche Verlagsanstalt.

Münkler, Herfried. 2005. *Imperien der Weltherrschaft – Vom Alten Rom bis zu den Vereinigten Staaten.* Berlin: Rowohlt.

Münkler, Herfried, Matthias Bohlender und Sabine Meurer (Hrsg.). 2010. *Sicherheit und Risiko. Über den Umgang mit Gefahr im 21. Jahrhundert.* Bielefeld: Transcript.

Mutz, Reinhard. 1986. *Gemeinsame Sicherheit. Grundzüge einer Alternative zum Abschreckungsfrieden.* Hamburg: Institut für Friedensforschung und Sicherheitspolitik an der Universität Hamburg.

Mutz, Reinhard. 1987. Militärische Aspekte Gemeinsamer Sicherheit. Anmerkungen zur Frage des konzeptkonformen Sicherheitsbegriffs. In *Gemeinsame Sicherheit, Dimensionen und Disziplinen. Bd. II: Zu rechtlichen, ökonomischen und militärischen Aspekten Gemeinsamer Sicherheit*, hrsg. von Egon Bahr und Dieter S. Lutz, 267–276. Baden-Baden: Nomos.

Rosen, Stephen Peter. 2003. Ein Empire auf Probe. In *Empire Amerika. Perspektiven einer neuen Weltordnung*, hrsg. von Ulrich Speck und Natan Sznaider, 83–103. München: Deutsche Verlagsanstalt.

Schmitt, Carl. 1979. Die Tyrannei der Werte. In *Die Tyrannei der Werte*, hrsg. von Carl Schmitt, Eberhard Jüngel und Sepp Schelz, 9–43. Hamburg: Lutherisches Verlagshaus.

Schües, Christina. 2018. Friedenspraxis. Der Praxisbezug der Friedensdenkschrift. In *Gerechter Frieden als politisch-ethisches Leitbild*, hrsg. von Sarah Jäger und Jean-Daniel Strub, 81–105. Wiesbaden: Springer VS.

Schwerdtfeger, Johannes. 1991. Frieden ist gut – Sicherheit ist besser? Zum Problem der „Verdrängung" des Friedensbegriffs im politischen Denken der Neuzeit seit dem 18. Jahrhundert. In *Zum Verhältnis von Frieden und Sicherheit*, hrsg. von Hans Diefenbacher und Bernhard

Moltmann, 21–34. Heidelberg: Forschungsstätte der Evangelischen Studiengemeinschaft.

Seibt, Johanna. 2005. Kognitive Orientierung als epistemisches Abenteuer. In *Orientierung. Philosophische Perspektiven*, hrsg. von Werner Stegmaier, 197–224. Frankfurt a. M.: Suhrkamp.

Senghaas, Dieter. 1972. *Abschreckung und Frieden. Studien zur Kritik organisierter Friedlosigkeit*. Frankfurt a. M.: Fischer Taschenbuch Verlag.

Sternstein, Wolfgang. 1984. *Gewaltfreiheit als revolutionäres Prinzip. Zwölf Thesen*. 4. überarb. Aufl. Stuttgart: Ohne Rüstung leben.

Strub, Jean-Daniel. 2010. *Der gerechte Friede. Spannungsfelder eines friedensethischen Leitbegriffs*. Stuttgart: Kohlhammer.

Ulbert, Cornelia und Sascha Werthes. 2008. Menschliche Sicherheit – Der Stein der Weisen für globale und regionale Verantwortung? In *Menschliche Sicherheit. Globale Herausforderungen und regionale Perspektiven*, hrsg. von Cornelia Ulbert und Sascha Werthes, 13–27. Baden-Baden: Nomos.

Vereinte Nationen (UNO), Generalversammlung. 2012a. A/66/763. Follow-Up To General Assembly resolution 64/291 on human security. Report of the Secretary General. New York: Vereinte Nationen. http://www.un.org/ga/search/view_doc.asp?symbol=A/66/763. Zugegriffen: 25. Februar 2017.

Vereinte Nationen (UNO), Generalversammlung. 2012b. Res. 66/290. Folgemaßnahmen zu Ziffer 143 des Ergebnisses des Weltgipfels 2005 betreffend die menschliche Sicherheit. New York: Vereinte Nationen. http://www.un.org/depts/german/gv-66/band3/a66-49vol3.pdf. Zugegriffen: 25. Februar 2017.

Zsifkovits, Valentin: 1973. *Der Friede als Wert. Zur Wertproblematik der Friedensforschung*. München: Olzog Verlag.

Der liberale Frieden als Paradigma europäischer Politik: Trägt die EU zu einer globalen Friedensordnung bei?

Martina Fischer

1 Einleitung

Die internationale Politik der Europäischen Union (EU) verstand sich traditionell als Ergänzung zur transatlantischen Sicherheitspartnerschaft und teilte mit dieser wesentliche normative Grundlagen, die mit dem Konzept des „liberalen Friedens" umschrieben werden können. Dabei setzte die EU in der Vergangenheit weniger auf militärische Stärke als auf wirtschaftliche Kooperation und *Soft Power* bis hin zu Vermittlungsaktivitäten in Krisenregionen innerhalb und außerhalb Europas. Zudem agierte sie im Verbund mit anderen internationalen Organisationen, zum Beispiel der Organisation für Sicherheit und Zusammenarbeit in Europa (OSZE) und dem Europarat.

Dieser Beitrag untersucht, wie sich die EU zu den Prinzipien des liberalen Friedens verhält und was ihre aktuelle Politik zu einer europäischen und globalen Friedensordnung beiträgt. Im Fokus steht die externe Politik der EU in den Bereichen Migration, Sicherheit und Entwicklung. Ausgehend von den konzeptionellen Grundlagen des liberalen Friedens (Abschnitt 2) wird die aktuelle Politik

© Springer Fachmedien Wiesbaden GmbH, ein Teil von Springer Nature 2019
I.-J. Werkner und M. Fischer (Hrsg.), *Europäische Friedensordnungen und Sicherheitsarchitekturen*, Gerechter Frieden,
https://doi.org/10.1007/978-3-658-23920-6_3

der EU im Nexus Außen-, Sicherheits- und Entwicklungspolitik beleuchtet und auf ihren friedenspolitischen Gehalt hin geprüft (Abschnitt 3). Es wird aufgezeigt, dass die EU im Umgang mit den globalen Herausforderungen einen Paradigmenwandel weg von der Friedenslogik hin zu einer vorwiegend militärisch definierten Sicherheitslogik vollzieht. Im vierten Abschnitt werden die friedensethischen Implikationen dieser Trendwende herausgearbeitet. Der fünfte Abschnitt zieht Schlüsse und bietet einen Ausblick auf das Wünschenswerte – eine Orientierung europäischer Politik am Prinzip des „gerechten Friedens" und „menschlicher Sicherheit" in einer „aus den Fugen geratenen" Welt (Annan 2016).

2   Zum Paradigma des liberalen Friedens

Der liberale Frieden[1] geht davon aus, dass Demokratien nicht beziehungsweise deutlich seltener gegeneinander Krieg führen als nichtdemokratische Staaten. Es wird ein Zusammenhang von Herrschaftsform und Frieden angenommen und unterstellt, dass innerstaatliche politische Prozesse das außenpolitische Verhalten von Staaten beeinflussen (vgl. Schimmelfennig 2010, S. 138). Liberale Theorien argumentierten zudem, dass marktförmige Tauschprozesse Interdependenzen generieren und dass es im Zuge der Herausbildung eines staatlichen Gewaltmonopols zu einer individuellen Affektkontrolle kommt (vgl. Owen 1994). So entwickelte sich die Vorstellung, dass die Steigerung der Anzahl demokratischer Staaten zur Befriedung der internationalen Beziehungen beitrage. Gegen Ende des Ersten Weltkrieges erklärte US-Präsident Woodrow Wilson das amerikanische Modell von liberaler Marktwirtschaft

---

1   Die Argumentation gründet sich u. a. auf Immanuel Kants Schrift „Zum Ewigen Frieden" (2011 [1795]).

und Demokratie zum Vorbild und glaubte, dass seine Verbreitung weltweiten Frieden garantieren würde:

> „Democracy is unquestionable the most wholesome and livable form of government the world has yet tried. It supplies as no other system could the frank and universal criticism, the free play of individual thought, the open conduct of public affairs, the spirit [...] of community and cooperation, which makes governments just and the public spirited" (Wilson zit. nach Paris 2004, S. 40).

Regierungen, die sich nicht auf bewaffnete Stärke, sondern auf freie Übereinkunft der Regierten gründeten, würden letztere selten unterdrücken und Gewalt nur als „letztes Mittel" anwenden (Wilson 1965). Stabilität und politische Freiheit innerhalb von Staaten sah Wilson als Voraussetzung für internationalen Frieden. Er vertrat seine Überzeugung bei den Friedensverhandlungen in Versailles, die später als These vom „liberalen Frieden" in die Theorie der Internationalen Beziehungen einging. In der zweiten Hälfte des 20. Jahrhunderts wurde das Konzept wieder aktuell. Sowohl in den USA als auch in einigen europäischen Ländern verbreitete sich die Überzeugung, dass eine vom Westen geförderte Demokratisierung weltweit mehr Frieden mit sich bringen würde.

In der Wissenschaft wurde das Konzept allerdings sehr kontrovers diskutiert. Es wurde eingewandt, dass demokratische Staaten zwar untereinander Konflikte weitgehend ohne Gewaltanwendung lösen, aber fast ebenso häufig wie andere Herrschaftstypen in Kriege verwickelt und damit nicht wirklich friedlicher sind (vgl. Geis 2001, S. 282). Auch Demokratien können aggressive Formen von Außenpolitik betreiben. Zudem wurde nachgewiesen, dass Staaten, die sich demokratisieren, auch instabile und damit friedensgefährdende Formen annehmen können. Den Vertretern des liberalen Konzepts wurde vorgeworfen, ihre empirischen Studien seien von Defiziten geprägt und sie arbeiteten an einem Mythos.

Es wurde kritisiert, dass das Konzept als politisches Rechtfertigungsnarrativ für einseitige Weltordnungsentwürfe diene (vgl.
Müller 2008).[2] Relevant ist in diesem Kontext vor allem, dass
sich einige der westlich geführten Missionen zur Konsolidierung
in Nachkriegsregionen ebenfalls an den Grundannahmen des
liberalen Friedens orientieren. Roland Paris (2004, S. 41) sieht
deutliche Parallelen zwischen der historischen Situation nach dem
Ersten Weltkrieg und der nach dem Ende des Kalten Krieges in
den Ost-West-Beziehungen. In beiden Fällen sahen sich Staaten
massiven Sicherheitsbedrohungen ausgesetzt: Im ersten Fall ging es
darum, Europa vor einem Rückfall in den Krieg zu bewahren; im
zweiten Fall war es die Unsicherheit angesichts neu aufbrechender
ethnopolitischer Konflikte wie zum Beispiel im ehemaligen Jugosla-
wien, die dafür sorgten, dass Wilsons Ideen politikleitend wurden.

  Die Europäische Union ergriff nach dem eigenen Versagen
bei der Prävention der Kriege im westlichen Balkan nachträg-
lich eine Reihe von Maßnahmen zur Friedenskonsolidierung im
Rahmen des „Stabilitätspakts für Südosteuropa".[3] Unterstützt
wurden Staaten mit ehemals sozialistischen Wirtschaftsformen im
Übergang zur liberalen Marktwirtschaft, in der Transformation
vom Krieg zum Frieden, bei der Durchführung von Wahlen und
beim Aufbau demokratischer Institutionen. Die Programme zur
Regeneration und Friedensförderung in den Protektoraten Bos-
nien-Herzegowina und Kosovo, aber auch die Politik gegenüber
Kroatien, Serbien-Montenegro und Mazedonien waren von der
Idee des liberalen Friedens getragen. Zudem ging man davon aus,

---

2 Für einen Überblick dieser Debatte vgl. Müller (2004), Chojnacki (2006),
   Spanger und Wolff (2007).

3 Der Stabilitätspakt richtete sich auf Demokratisierung, Sicherheit und
   wirtschaftliche Zusammenarbeit – also auch auf die wirtschaftliche
   Transformation ehemaliger sozialistischer Ökonomien in liberale Marktwirtschaften (vgl. Calic 2002).

dass die Aussicht auf einen EU-Beitritt die Transformation in den genannten Ländern unterstütze. Die EU selbst galt schließlich als Beispiel dafür, dass Kriegsgegner durch enge wirtschaftliche und politische Kooperation und durch Rechtsbeziehungen miteinander ausgesöhnt werden konnten. Im Grunde war auch die gesamte EU-Erweiterungspolitik seit den 1990er Jahren maßgeblich von der Idee des liberalen Friedens und der Demokratisierung getragen. Verhandlungen mit neuen Beitrittskandidaten in Osteuropa waren immer an Bedingungen geknüpft, die auf die Errichtung demokratischer Staatswesen zielten, auf die Institutionalisierung der bürgerlichen Freiheitsrechte und auf Rechtsstaatlichkeit. Bereitschaft zur wirtschaftlichen Liberalisierung war ebenfalls Bedingung, denn Beitrittskandidaten mussten funktionierende Marktwirtschaften vorweisen.

Auch jenseits der eigenen Grenzen hat die EU ihre politische und wirtschaftliche Zusammenarbeit in den vergangenen Jahrzehnten zunehmend an die Bereitschaft von Ländern geknüpft, Menschen- und Bürgerrechte zu respektieren, etwa durch Konditionierung von Entwicklungszusammenarbeit mit den sogenannten AKP-Staaten[4] sowie im Rahmen ihrer Unterstützung für den Wiederaufbau von Nahkriegsregionen. Wie schon in der Region des westlichen Balkan zeigten sich dabei allerdings die Schwächen und Probleme des liberalen Ansatzes: Paris (2004) zog auf der Basis zahlreicher Fallstudien in Südosteuropa, Afrika, Lateinamerika und Asien den Schluss, dass liberale *peacebuilding*-Ansätze zum Scheitern verurteilt seien, wenn sie sich auf die Durchführung früher Wahlen und die Einrichtung von Parlamenten reduzieren, ohne dass rechtsstaatliche Strukturen existieren. Der Aufbau rechtsstaatlicher Institutionen müsse einer Liberalisierung unbedingt vorangehen,

---

4   Unter AKP-Staaten wird die Gruppe der afrikanischen, karibischen und pazifischen Staaten gefasst.

damit Friedensförderung erfolgreich verlaufen könne (vgl. Paris 2004, S. 179ff.). Zudem wies er auf die Ungerechtigkeiten und ökonomischen Fehlentwicklungen hin, die eine wirtschaftliche Liberalisierung mit sich bringen könne, wenn keine Rechtsstaatlichkeit gegeben sei und juristische wie politische Kontrollinstanzen fehlen.

Die vom Rat der Evangelischen Kirche in Deutschland veröffentlichte Denkschrift „Aus Gottes Frieden leben – für gerechten Frieden sorgen" (EKD 2007, S. 91) gründet ihre Vorstellung von Europa ebenfalls auf liberale Werte und Prinzipien. Sie entwirft die Vision einer EU als „Friedensmacht", die sich im Inneren wie im Äußeren für eine globale Friedensordnung engagiert:

> „Die Europäische Union (EU) … ist eine epochale Friedensleistung, welche in der zweiten Hälfte des vorigen Jahrhunderts Geschicke und Zusammenleben der Staaten in gänzlich andere Bahnen gelenkt hat als bis 1945. Mit ihren Werten und Institutionen sowie dank gelungener Verrechtlichung und wirksamen Mechanismen der friedlichen Streitschlichtung ist sie ein Modell für andere Regionen und von unverändert großer Anziehungskraft. Durch die Aufnahme mittel- und osteuropäischer Staaten kommt sie – im Zusammenwirken mit der NATO und deren Konzept des Stabilitätstransfers durch Erweiterung und Friedenspartnerschaften – einem freien Gesamteuropa immer näher." (EKD 2007, Ziff. 142)

3   Die Politik der EU im Nexus Außen-, Sicherheits- und Entwicklungspolitik

In den letzten beiden Dekaden hat die Europäische Union ihr Instrumentarium für Prävention und Friedensförderung deutlich ausgebaut, zum Beispiel durch die Schaffung einer „Abteilung für Konfliktprävention, Friedensförderung und Mediation" im Auswärtigen Dienst der EU oder einer „Einheit für Fragilität und Krisenmanagement" in der Generaldirektion für Entwicklungspolitik.

Der Ausbau der europäischen Institutionen für Krisenprävention und Diplomatie, Verständigung und Friedensförderung wird aktuell jedoch deutlich gebremst. Im auswärtigen Handeln der EU ist eine deutliche Schwerpunktverlagerung hin zur militärischen Dimension zu beobachten. Die EU-Missionen zur Krisenbewältigung und Friedensförderung folgten in den beiden letzten Dekaden vorrangig einer zivilen Logik. Aktuell aber orientieren sich die Diskurse mehr und mehr an einer militärischen Definition von Sicherheit und drohen, das normative Ziel des Friedens in den Hintergrund zu drängen. Die Strategiepapiere der EU (Mogherini 2016; European Commission 2015, 2016) offenbaren einen deutlichen Trend hin zur „Versicherheitlichung" der Debatte um Entwicklung, Flucht und Migration, was beinhaltet, dass Sicherheit zunehmend auch auf Kosten von Entwicklung hergestellt werden soll. Dieser Prozess soll im Folgenden anhand von drei Entwicklungen, die eng miteinander verzahnt sind, eingehender beleuchtet werden.

3.1 EU-Militärkooperation mit Kurs auf Afrika

Seit 2015 sind Marineverbände aus EU-Mitgliedstaaten im Rahmen der Gemeinsamen Sicherheits- und Verteidigungspolitik in der Operation „Sophia" (EUNAVFORD-MED) mit der Seenotrettung von Geflüchteten im Mittelmeer und mit der Bekämpfung von Schleppern beauftragt. Die Operation, an der sich inzwischen 25 Länder mit durchschnittlich 1.200 Soldaten und Zivilpersonal, Kriegsschiffen, Flugzeugen und Helikoptern beteiligen, soll unter anderem auch zur Durchsetzung des UN-Waffenembargos gegen Libyen beitragen und illegale Ölexporte unterbinden. Der Streit um den Umgang mit Geflüchteten und Migranten auf dem Mittelmeer wurde mit der Mandatsverlängerung im Juli 2017 allerdings nicht beendet. Zugleich entschied die italienische Regierung im

Sommer 2017, eigene Marineverbände zu entsenden, um die libysche Küstenwache bei der Eindämmung von Menschenschmuggel zu unterstützen. Von Libyen aus brechen zahlreiche Menschen über das Mittelmeer Richtung Europa auf. Mit der Ausrüstung der Marine erwarten EU-Institutionen und Mitgliedstaaten, die Migration über das Mittelmeer besser kontrollieren zu können. In Libyen rivalisieren allerdings weiterhin unterschiedliche Milizen um die Macht im Land.

Schon im Juni 2016 hatte der Rat der Europäischen Union der Operation „Sophia" neben ihrem Kernauftrag (Bekämpfung von Schleppern) sogenannte Unterstützungsaufgaben übertragen. Dazu zählt neben der Überwachung des UN-Waffenembargos auch der Kapazitätsaufbau der libyschen Küstenwache und Marine, was im EU-Sprachgebrauch mit „Capacity Building in Support of Security and Development" umschrieben wird (Im Deutschen benutzen die damit befassten Einrichtungen den Begriff der Ertüchtigung.). Die deutsche Bundeswehr ist im Rahmen der Operation „Sophia" seit 2015 mit einem Kontingent von 950 Personen im Einsatz.

In welch problematischem Kontext sich dieser Einsatz bewegt, verdeutlichte eine ZDF-Dokumentation (Monitor vom 15. Juni 2017). Darin wurde berichtet, dass sich die EU-Länder bei der Seenotrettung im Mittelmeer immer mehr zurücknehmen, während die mit EU-Mitteln ausgebildete libysche Küstenwache Rettungsmaßnahmen von NGOs behindert und Geflüchtete, auch wenn sie sich bereits in internationalen Gewässern befinden, zwangsweise auf das libysche Festland zurückbringt. Dort werden sie in Lagern interniert, in denen Menschenrechte systematisch missachtet werden. Berichte der Sendung „Titel, Thesen, Temperamente" der ARD vom 9. Juli 2017 illustrierten die verheerenden Zustände. Die Vorwürfe reichen von mangelnder humanitärer Versorgung bis hin zur systematischen Vergewaltigung weiblicher Geflüchteter. Die schockierenden Reportagen verdeutlichten vor allem, dass die Regierung Libyens keine Kontrolle über ihr Land hat und die Küstenwache von selbsternannten *Warlords* und Gewaltunternehmern befehligt wird, die eigene Interessen verfolgen und kaum als verlässliche Partner angesehen werden können. Laut Monitor sind diese teilweise selbst am Menschenschmuggel beteiligt. Im November 2017 wurde sogar über öffentliche „Sklavenmärkte" berichtet, in denen Geflüchtete als Ware zum Verkauf feilgeboten wurden. Infolgedessen wurde die Migrationspolitik der EU auch von den Vereinten Nationen massiv kritisiert (Office of the High Commissioner for Human Rights 2017). Aber ebenso EU-Diplomaten beklagten die Zustände (Peters und Popp 2018).

Die Verstärkung der Zusammenarbeit mit Libyen geht zurück auf die „Deklaration von Malta" der EU-Staats- und Regierungschefs im Februar 2017. Auch die Kooperation mit Ägypten wurde infolgedessen intensiviert, um die Mittelmeerroute für Flüchtlinge und Migranten zu schließen. Auch mit Mali traf die italienische Regierung Absprachen für eine engere Zusammenarbeit gegen Menschenschmuggel, Drogenhandel und Terrorismus. Mit Niger und Äthiopien wurden ebenfalls „Migrationspartnerschaften" abgeschlossen. Zu den Partnern zählen also Staaten, die im Hinblick auf die Beachtung von Menschenrechten sehr kritisch einzustufen sind. Die Kooperationen werden durch den EU-Trust Fund für Afrika finanziert, der 2015 in La Valletta beschlossen wurde. Die EU-Kommission stellte 2017 weitere 200 Millionen Euro für die Unterstützung der nordafrikanischen Partnerländer in Aussicht. Solche Leistungen werden als „Fluchtursachenbekämpfung" bezeichnet und mit Entwicklungsgeldern finanziert, obgleich sie im Wesentlichen zum Ziel haben, Geflüchtete an der Weiterfahrt zu hindern. Anstatt ihnen zu ermöglichen, in einem sicheren Staat Asyl zu suchen, wird die Verantwortung in unsichere Drittstaaten ausgelagert, wobei viele auf dem Transit in bedrohlichen Situationen stranden.

Im Juli 2018 beschlossen die Innenminister der EU-Mitglied-
staaten, dass die EU-Kommission Verhandlungen mit afrikanischen
Staaten aufnehmen soll, um neben sogenannten „kontrollierten
Zentren" auf südeuropäischem Boden auch auf afrikanischem
Gebiet sogenannte „Ausschiffungsplattformen" zu errichten. Diese
sollen Menschen, die im Mittelmeer außerhalb der EU-Hoheits-
gewässer aufgegriffen oder aus Seenot gerettet werden, vorläufig
unterbringen. Die Einrichtungen sollen gemeinsam mit dem
UN-Flüchtlingskommissariat (UNHCR) und der *International
Organisation for Migration* gemanagt werden. Auf diese Weise
möchten die EU-Mitgliedstaaten Asylverfahren auslagern. Die Idee
stieß bislang bei den nordafrikanischen Küstenstaaten auf wenig
Resonanz, die befürchten, dass derartige Zentren den Zustrom von
Migranten und Migrantinnen aus anderen afrikanischen Ländern
eher noch verstärken (vgl. Ehrhardt et al. 2018, S. 3).

Bis heute konnten sich die EU-Mitgliedstaaten nicht auf ein
gemeinsames Konzept einigen, das mehr Möglichkeiten für legale
Migration eröffnen und Schutzbedürftigen aus Bürgerkriegsregio-
nen eine sichere Einreise und faire Asylverfahren gewähren würde.
Stattdessen richten sie ihre Politik auf Migrationsverhinderung mit
Maßnahmen, die in den Herkunfts- und Transitländern wirken
sollen, aber lediglich Symptome und keine Ursachen bekämpfen.
Ähnlich wie die Türkei erhalten Staaten in Nordafrika inzwischen
finanzielle Vorteile sowie Handels- beziehungsweise Visaerleichte-
rungen, wenn sie dafür Grenzen sichern und sich zur Rücknahme
von Migranten und Migrantinnen verpflichten. Außerdem kön-
nen sie mit EU-finanzierter Ausrüstung für ihre Polizeien und
Armeen rechnen. Von West- bis Ostafrika erkauft sich die EU die
Zusammenarbeit mit den Staatschefs in der Migrationsabwehr.
Seit 2016 wurden zahlreiche Länderpakete für die Sahel-Staaten
sowie für Äthiopien, Eritrea, Sudan, Somalia, Gambia, Senegal,
Ghana und Nigeria erarbeitet (vgl. Jakob und Schlindwein 2017,

S. 22f.). Darüber hinaus beschlossen die EU-Mitgliedstaaten auf Druck Frankreichs und Deutschlands 2017 auch den Aufbau einer Eingreiftruppe, die von Mali, Tschad, Niger, Mauretanien und Burkina Faso unterhalten werden soll, massiv zu bezuschussen. Für das Projekt, das unter dem Kürzel „G5-Sahel" firmiert, wurden 50 Millionen Euro zugesagt.

3.2   Militärische „Ertüchtigung" auf Kosten ziviler Krisenprävention und Friedensförderung: Die Umfunktionierung des Instruments für Stabilität und Frieden

Programme der „Ertüchtigung" (Ausrüstung und Ausbildung von Partnerarmeen in Drittstaaten, vor allem in Afrika) werden maßgeblich damit begründet, dass Entwicklung ohne Sicherheit nicht zu haben sei. Dabei steigt die Bereitschaft, auch zivile und entwicklungspolitische Instrumente für militärische Zwecke umzufunktionieren. So schlug die die EU-Kommission 2016 vor, den Finanztopf der Union, der erst wenige Jahre zuvor für zivile Konfliktbearbeitung geschaffen wurde, künftig auch für die Ertüchtigung von Sicherheitsapparaten zu nutzen: das „Instrument contributing to Stability and Peace" (IcSP) (vgl. EP und Rat 2017). Dieses ist für den Zeitraum von 2014 bis 2020 mit 2,3 Milliarden Euro ausgestattet und eines der Schlüsselbudgets für flexible Projekte zur Verhütung von Gewaltkonflikten und Friedenskonsolidierung. Bisher wurden damit 326 Projekte in 112 Ländern gefördert.[5] Nun sollen aus diesem Haushaltstopf auch Ausrüstung und Ausbildung für Armeen in Drittstaaten finanziert werden.

---

5   Für eine geografische Übersicht der geförderten Projekte vgl. https:// icspmap.eu.

Dafür legte die Kommission im Sommer 2016 einen Text zur Änderung der bestehenden Verordnung vor. Hinter den Kulissen wurde erwogen, das IcSP um 100 Millionen Euro aufzustocken und dafür Reservemittel aus dem Budget für Armutsbekämpfung zu nutzen. Der Vorschlag der Kommission wurde im auswärtigen und entwicklungspolitischen Ausschuss des Europäischen Parlaments (EP) kontrovers diskutiert und mit dem Rat und der Kommission verhandelt. Schließlich haben die EP-Abgeordneten den Gesetzestext im November 2017 mit großer Mehrheit vor allem der Europäischen Volkspartei (EVP) und der Sozialdemokraten (S&D) angenommen. Programme der militärischen Ertüchtigung wurden bislang von den Mitgliedstaaten selbst bezahlt und sollen nun erstmals auch aus dem EU-Gemeinschaftshaushalt finanziert werden. Die Befürworter der Initiative wiesen beschwichtigend darauf hin, dass sich die aus dem IcSP zu finanzierende Ausrüstung nicht auf Waffen und Munition erstrecken werde. Da aber in der Verordnung keine genauen Kriterien festgehalten wurden, kann man davon ausgehen, dass eine Reihe von Dual-Use-Produkten über IT-Struktur und Material bis hin zum Ausbau ganzer Stützpunkte zukünftig aus Steuergeldern von EU-Bürger und -Bürgerinnen finanziert und in Krisenregionen transferiert werden darf.

Die Umfunktionierung des IcSP wurde mit Umsetzung des *Sustainable Development Goals Nr. 16* und der Notwendigkeit einer systematischen Vernetzung von Sicherheits- und Entwicklungspolitik begründet (vgl. Mogherini 2016, 2017). Tatsächlich aber bedeutet diese Entscheidung der EU-Institutionen, dass Sicherheit zunehmend militärisch definiert und auch auf Kosten von Entwicklung konzipiert wird. Schon im Haushaltsjahr 2017 wurden fast ein Drittel der schnellen und flexiblen Mittel des IcSP für Migrationsmanagement und Grenzkontrolle in der Türkei ausgegeben. Es ist zu befürchten, dass mit der Öffnung des IcSP für Militärhilfe für zivile Ansätze der Konflikttransformation und Friedensförderung in Zukunft nur noch symbolische Beträge übrigbleiben werden.

Die deutsche Bundesregierung bildete eine treibende Kraft bei dieser Initiative. Sie hatte 2015 mit anderen EU-Mitgliedern ein *Non-Paper* an die EU-Kommission gesandt, um eine Finanzierung für Ertüchtigung aus dem Haushalt der Union zu erwirken. Dass dafür schließlich ausgerechnet das Instrument gewählt wurde, das explizit für die Förderung ziviler Konfliktbearbeitung und weltweiter zivilgesellschaftlicher Projekte etabliert worden war, sahen Abgeordnete der Grünen (Greens/EFA) und Linken Fraktion (GUE/NGL), aber auch einige Abgeordnete der Liberalen Parteien als schwerwiegenden Affront. Nicht zuletzt aufgrund von Protesten und auf Initiative aus der S&D-Fraktion im Europäischen Parlament wurde der Parlamentsbeschluss schließlich mit einer Aufforderung versehen, keine Mittel aus der Armutsbekämpfung für militärische Ertüchtigung zu verwenden. – Rechtlich bindend ist dieser Zusatz allerdings nicht.

3.3   Die Ständige Strukturierte Zusammenarbeit (PESCO)

Im November 2017 haben die Minister und Ministerinnen von 23 EU-Mitgliedstaaten eine „gemeinsame Mitteilung" über die „Ständige Strukturierte Zusammenarbeit" (PESCO) in der Sicherheits- und Verteidigungspolitik unterzeichnet; mittlerweile sind 25 Länder beteiligt und auch der Rat stimmte dem zu. Diese Möglichkeit der Kooperation wurde durch den Vertrag von Lissabon eröffnet. Die PESCO soll der besseren sicherheitspolitischen Abstimmung und effektiveren Ausgabenplanung dienen (vgl. Fischer 2017). Dabei verpflichten sich die Mitgliedstaaten, ihre Streitkräfteplanung einer jährlichen Prüfung durch die Europäische Verteidigungsagentur zu unterziehen, und gleichzeitig auch, ihre Verteidigungsausgaben zu steigern. Zudem sollen sie militärische Einheiten für gemeinsame Missionen bereithalten und eine schnellere Verlegung von Truppen ermöglichen.[6] Zu den Projekten, die im Rahmen der PESCO konkretere Gestalt annehmen sollen, gehört unter anderem die Schaffung von EU-Kampftruppen (*Battlegroups*) zur Krisenreaktion. Dieses Konzept zielt vor allem auf Einsätze in Afrika. Weiterhin enthält die Liste der anvisierten Projekte auch sogenannte Ertüchtigungsinitiativen für Partnerarmeen in Drittstaaten. Als Vorzeigeprojekt gilt „die von der EU maßgeblich zu bewältigende Aufgabe, den Transport von Truppen und Rüstungsgütern über Grenzen hinweg zu beschleunigen – schon ist von einem militärischen Schengen die Rede" (Stabenow 2018).

Wenn die von den EU-Mitgliedstaaten installierte Kooperation im Rahmen der PESCO maßgeblich zu einer besseren Abstimmung und Einsparungen bei den Militärausgaben führen würde, wäre dagegen nichts einzuwenden. Leider gibt es dafür aber keine Indizien. Mit der Verpflichtung zum Aufbau eines Europäischen Verteidigungsfonds (vgl. ZEIT Online vom 7. Juni 2017)[7] und zur Erhöhung der Rüstungsausgaben wird eine gegenteilige Richtung eingeschlagen. Zeitgleich mit der Bekanntgabe der PESCO forderte EU-Parlamentspräsident Antonio Tajani eine Verdoppelung des EU-Gemeinschaftshaushalts von 140 auf 280 Milliarden Euro für die „zentralen Aufgaben" der EU ab 2021: „Kontrolle der Einwanderung", „Kampf gegen den Terror", „Maßnahmen zur Ankurbelung

---

6 Die Liste der im Rahmen der PESCO geplanten Kooperationsprojekte sind abrufbar unter: http://www.consilium.europa.eu/media/32079/pesco-overview-of-first-collaborative-of-projects-for-press.pdf.

7 https://www.zeit.de/politik/2017-06/verteidigungspolitik-eu-kommission-militaer-ausgaben-verteidigungsfonds.

des Wirtschaftswachstums in Europa" und „Zusammenarbeit im Verteidigungsbereich" (Spiegel-Online vom 13. November 2017).[8]

Bereits in der letzten Dekade begann die EU, Sicherheitsforschung zu subventionieren. 2017 entwickelte sich auch in diesem Bereich eine neue Dynamik. Eine „vorbereitende Maßnahme" im Rahmen der Gemeinsamen Sicherheits- und Verteidigungspolitik bildete den Türöffner für einen gemeinsamen Rüstungsforschungshaushalt. 2017 wurden dafür 90 Millionen Euro veranschlagt, weitere 500 Millionen Euro sollen künftig jährlich die Mitgliedstaaten dazu beisteuern. Die Rüstungsindustrie und ihre Verbände begrüßen diese Entwicklung. Sie stehen auch bereit, um den zusätzlichen Markt zu bedienen, der sich mit den Initiativen zur Ausrüstung von Partnerarmeen in Drittstaaten eröffnen wird. Nach dem Willen der EU-Kommission soll die Union künftig die europäische Rüstungsindustrie in der Forschung und Entwicklung verstärkt finanziell unterstützen. Eine Mehrheit der Abgeordneten im Ausschuss für Industrie, Forschung und Energie des Europäischen Parlaments hat dem im Februar 2017 zugestimmt. Der Ausschuss beschloss eine Verordnung zum *European Defence Industry Development Programme* (EDIDP), die im Juni 2017 von der EU-Kommission vorgelegt wurde (European Commission 2017). Das EDIDP ist Bestandteil des 2017 beschlossenen Europäischen Verteidigungsfonds. Ungeachtet aller Proteste (insbesondere von den Fraktionen der Grünen und der europäischen Linken) soll es für die Jahre 2019 und 2020 mit 500 jeweils Millionen Euro ausgestattet werden, eine von der Europäischen Kommission geplante Nachfolgeverordnung ab dem Jahr 2021 strebt sogar Ausgaben von

---

8   http://www.spiegel.de/wirtschaft/soziales/eu-antonio-tajani-fordert-eu-steuern-und-doppelten-haushalt-a-1177653.html.

einer Milliarde Euro jährlich an (vgl. ZEIT Online vom 7. Juni 2017[9]; Mützel 2017; EP und Rat 2018).

Damit wird eine Richtung eingeschlagen, die der militärischen Dimension (auch in der Finanzplanung) eine weitaus größere Bedeutung beimisst als dem Ausbau der Instrumente für zivile Krisenprävention und Friedensförderung. Ein weiteres Problem besteht darin, dass Initiativen im Rahmen der PESCO in alleiniger Verantwortung der EU-Kommission erfolgen und nicht der Kontrolle des Europäischen Parlaments (oder der nationalen Parlamente) unterliegen.

4   Friedensethische Probleme und Konsequenzen

Auch wenn von einer europäischen Militärunion oder gar einer europäischen Armee aktuell nicht die Rede sein kann, haben Kooperationen im militärischen Bereich in den letzten beiden Jahren auf EU-Ebene eine atemberaubende Dynamik angenommen. Entwicklungsfinanzierung und der strukturelle und finanzielle Ausbau der Kapazitäten für zivile Krisenprävention und Friedenskonsolidierung stehen ganz erheblich dahinter zurück beziehungsweise müssen eher noch vor dem Zugriff für militärische Zwecke bewahrt werden. Insofern kann man aktuell von einer Trendwende in der internationalen Ausrichtung europäischer Politik sprechen, weg von der Friedenslogik als handlungsleitendes Paradigma hin zu einer zunehmend militärisch definierten Sicherheitslogik (vgl. hierzu den Beitrag von Sabine Jaberg in diesem Band). Aktuell laufen verschiedene militärische Entwicklungen parallel: zum

---

9   https://www.zeit.de/politik/2017-06/verteidigungspolitik-eu-kommissi-on-militaer-ausgaben-verteidigungsfonds.

einen die Vorbereitung auf mögliche militärische Interventionen europäischer Streitkräfte zur Bekämpfung von organisierter Kriminalität, bewaffneten Milizen und terroristischen Verbänden in Gebieten, die als politisch, ökonomisch oder strategisch hoch relevant betrachtet werden, bei gleichzeitiger Unterstützung des Aufbaus afrikanischer Eingreifverbände; zum anderen „Ertüchtigungs"-Programme und umfangreiche Ausstattungshilfen mit Sicherheits- und Überwachungstechnologien für Armeen und Polizeiapparate in Ländern, die nicht auf ihre menschenrechtliche *Performance* hin geprüft, sondern danach ausgewählt werden, ob sie sich im Rahmen der Migrationskontrolle als kooperationswillig zeigen. Auch messen zentrale entwicklungspolitische Dokumente und Konzepte wie der neue *European Consensus on Development* (2017) der EU sogenannten Sicherheitspartnerschaften und militärischer Ertüchtigung zunehmende Bedeutung bei.

Mit dieser Trendwende in der aktuellen EU-Politik verbinden sich ernste friedenspolitische und -ethische Anfragen. Folgend soll nur stichpunktartig auf einige dieser Probleme verwiesen werden: Zuvorderst stellt sich die Frage nach der Vereinbarkeit der EU-Migrationspolitik mit den Prinzipien von Friedens- und Menschenrechtspolitik und dem Völkerrecht. Das gilt erst Recht angesichts der Zuspitzung der Situation durch die italienische Regierung im Sommer 2018, die nicht nur die italienischen Häfen für Schiffe mit Geflüchteten sperrte und damit die Grundlagen für Seenotrettung im Mittelmeer komplett infrage stellte, sondern auch der libyschen Küstenwache eigene Schiffe zur Verfügung stellte, um Menschen aus den Küstengewässern zurück nach Libyen zu bringen (vgl. Rüb 2018).

Des Weiteren sind friedenspolitische und -ethische Konsequenzen von Programmen militärischer Ertüchtigung in zerfallenden oder autoritären Staaten zu diskutieren. Studien aus der Friedens- und Konfliktforschung haben nachgewiesen, dass militärische

Ausbildungs- und Ausrüstungsmaßnahmen im Rahmen von Programmen der Sicherheitssektorreform zwar zum Umbau von Sicherheitsapparaten beitragen können, aber nur, wenn staatliche Strukturen und ein politischer Wille für Reformen existieren, ansonsten bestehe vielmehr die Gefahr, dass Ausrüstung zweckentfremdet oder repressive Regime gestärkt werden (vgl. Breitung et al. 2016; Puglierin 2016; Puglierin und Feyock 2016). Die Frage, die an die aktuell gesponserten Militärkooperationen gestellt werden muss, ist, wessen Sicherheit sie garantieren sollen –Sicherheit für die Bevölkerung in den betreffenden Regionen oder Sicherheit im Sinne von Abschottung und europäischen Eigeninteressen?

Darüber hinaus erweisen sich die Migrationspakte, die mit Programmen der Ertüchtigung von Sicherheitsapparaten kombiniert wurden, nicht nur in menschenrechtlicher und friedenspolitischer Hinsicht als skandalös, sondern haben auch problematische wirtschaftliche Folgen, denn sie sind mit umfassenden Einschränkungen der Freizügigkeit auf dem afrikanischen Kontinent verbunden. Die Wirtschaftsbeziehungen zwischen den afrikanischen Ländern sind jedoch traditionell mit Wanderung verbunden. So besteht das Risiko, dass die von den europäischen Staaten anvisierte Grenzpolitik mit geltenden Bestimmungen der *Economic Community of Westafrican States* in Konflikt geraten und traditionelle Handelsbeziehungen nachhaltig beeinträchtigen können.

Ein weiteres ethisches Problem der Migrationsabkommen mit den afrikanischen Staaten besteht auch darin, dass Entwicklungszusammenarbeit, die zuallererst Armutsbekämpfung zum Ziel haben sollte, zunehmend selektiv und zweckgebunden zum Einsatz kommt. Nicht den Bedürftigsten kommt Unterstützung zu, sondern den Ländern und Regimen, die sich im Hinblick auf Migrationsmanagement und Grenzkontrolle kooperationswillig zeigen und damit den Sicherheitsbedürfnissen der EU-Mitglieder entsprechen. Dieser Trend wird sich vermutlich noch verstärken, wenn der von der EU-Kommission vorgestellte Entwurf für den „Mehrjährigen Finanzrahmen der EU 2021–27" Wirklichkeit werden sollte. Dieser sieht vor, die Ausgaben für Entwicklung, Nachbarschaftshilfe, zivile Krisenprävention, Menschenrechte und Demokratie zukünftig in einem einheitlichen Instrument für „Nachbarschaft, Entwicklung und Internationale Kooperation" zu bündeln, das einen „starken Fokus auf Migration" bekommen soll (vgl. Fischer 2018).

Schließlich stellt auch der Diskurs um die Errichtung einer „Festung Europa" das Friedensprojekt EU grundlegend infrage. Seit dem EU-Gipfeltreffen Ende Juni 2018 machen Begriffe von Aufnahme- oder Transit-Zentren bis hin zu Ausschiffungsplattformen die Runde. Der Historiker Frank Wolff (2018, S. 15) wies darauf hin, was passiert, wenn Migration ausschließlich in Begriffen wie Problem oder Versagen erörtert wird:

> „Wir leiden an einer kognitiven Dissonanz, wenn wir uns auf die Alltäglichkeit des menschlichen Wanderungsverhaltens nicht einstellen, sondern stattdessen dieses Verhalten unseren politischen Vorstellungen anpassen wollen. Jetzt zeichnet sich in der öffentlichen Rede die Akzeptanz von Lagern ab, wie immer sie auch euphemistisch benannt werden. Das stellt einen vorläufigen Höhepunkt dieser Aufgabe universeller liberaler Werte dar. Die Schwäche Europas, die einst der rechte Rand gegen Schengen herbeireden wollte, erweist sich als Prophezeiung, die sich selbst erfüllt."

5   Fazit und Ausblick

Die EU hat sich – das haben die obigen Ausführungen aufgezeigt – im Rahmen ihrer aktuellen Politik im Nexus Migration, Entwicklung und Sicherheit sukzessive von den mit liberalen Konzepten verbundenen ethischen Grundlagen verabschiedet. Ihre Politik ist mit liberalen Werten nicht vereinbar, weil sie mit menschenfeindlichen Regimen zum Zweck der Durchsetzung sicherheits- und migrationspolitischer Eigeninteressen kooperiert. Außerdem trägt sie zur Einschränkung von Freizügigkeit und Menschenrechten (zum Beispiel dem Recht auf Asyl) und zur Schaffung von doppelten Rechtsräumen bei. Darüber hinaus fördert sie die Aufrüstung von angrenzenden Regionen durch intransparente Militärhilfeprogramme.

Auch mit den Grundlagen eines gerechten Friedens, wie er in der christlichen Friedensethik gefordert wird, ist diese Politik nicht übereinzubringen. In der Flüchtlingspolitik der EU spielen internationale Normen wie die Verantwortung für Schutzsuchende eine immer geringere Rolle. Menschliche Sicherheit wird von der EU weder definiert noch ernsthaft in den Blick genommen; Migrationsabwehr hingegen großgeschrieben. In Migrationspakten mit Staaten, die eine inakzeptable menschenrechtliche *Performance* zeigen, gibt die EU die von ihr selbst einst postulierten universellen liberalen Werte vollends preis.

Auch das Friedensgutachten 2018 geht mit der Praxis der EU kritisch ins Gericht. Die Autoren und Autorinnen konstatieren einen Widerspruch: Zwar habe die EU Budgets geschaffen (zum Beispiel das „Instrument für Demokratie und Menschenrechte"), um die Zivilgesellschaft zu unterstützen und damit der Einschränkung ihrer Handlungsspielräume entgegenzuwirken, aber gleichzeitig sei sie zur Militärkooperation mit repressiven Regimen bereit (BICC et al. 2018, S. 74). Eine Studie des *Transnational Institute* (vgl. Akkermann 2018) zeigt auf, welche Auswirkungen die EU-Politik in der MENA-Region und den Sahelstaaten – abgesehen von der Unterstützung repressiver Strukturen – sonst noch zeitigt: Migrationsrouten werden immer gefährlicher, Entwicklung und Stabilität werden nicht gefördert, sondern unterminiert, Entwicklungsgelder zweckentfremdet und fragwürdige Prioritätensetzungen vorgenommen. Die Studie kommt zu dem Schluss, dass die EU eine

„neokoloniale Politik" betreibe, die afrikanische Positionen und Bedürfnisse weitgehend ignoriere (vgl. darüber hinaus auch Jakob und Schlindwein 2017).

Die rasante Dynamik, mit der die EU eine Schwerpunktverlagerung hin zu Militärkooperationen vornimmt und ihre Verteidigungsausgaben steigert, ist einerseits einer Wahrnehmung geschuldet, die Migration als Sicherheitsbedrohung einordnet und das Anwachsen populistischer politischer Strömungen innerhalb der EU mit Abschottung pariert. Andererseits mag sie aber auch eine Konsequenz der Politik und des Drucks des Bündnispartners jenseits des Atlantischen Ozeans sein. So drängt US-Präsident Donald Trump auf eine massive Erhöhung der Militärausgaben im Kontext der NATO-„Lastenteilung". Gleichzeitig generiert er mit der Aufkündigung multilateraler Verträge (wie zum Beispiel des Atomabkommens mit dem Iran) selbst globale Friedensgefährdungen. Angesichts dieser Situation könnte man versucht sein, in Reaktion auf solche Provokationen die „Idee der Selbstbehauptung Europas", wie Tobias Debiel (2018, S. 43) feststellt, wiederzubeleben, um diese Option aber gleichzeitig als friedenspolitisch inakzeptabel zu verwerfen, denn dabei handele es sich um einen „national-konservativen" Ansatz aus den 1980er Jahren und dieser laufe „auf einen europäischen Nationalismus hinaus, der auf eine klassische Großmacht EU setzt – mit eigenem Militär und notfalls auch merkantilistischer Handelspolitik" (Debiel 2018, S. 43). Ein solches Konzept aber verkennt „das Besondere des EU-Integrations- und Friedensprojekts: die konstitutionelle Einbindung von nationalen Identitäten in einem mehrschichtigen System, das supranationale, multilaterale, nationale und föderative Elemente vereint und nicht zuletzt auf internationale Äquivalente rechtsstaatlicher Demokratie setzt" (Debiel 2018, S. 43). Wenn die EU „nicht ihre *raison d'etre* aufs Spiel setzen" will, darf sie sich –

so die Schlussfolgerung – „nicht zugleich jenseits ihres liberalen Grundverständnisses definieren" (Debiel 2018, S. 47f).

In den obigen Ausführungen klingt eine zentrale Frage an: Welche Rolle soll die EU zukünftig in der Welt einnehmen? Wünschen wir eine EU, die die militärischen Strukturen der NATO doppelt und immer mehr Steuergelder für die Rüstungs- und Sicherheitsindustrie vorhält? Wollen wir eine EU, die im Sinne einer Großmacht nach „Selbstbehauptung" strebt, ihre Grenzen militärisch sichert und mit Hilfe von Lagern und Militärhilfe nach außen verlagert, und die sich dennoch durch die Schaffung doppelter rechtlicher Standards in ihrem Innern grundlegend verändert? Oder wollen wir eine EU, die sich angesichts einer „aus den Fugen geratenen Welt" weiterhin an menschlicher Sicherheit, Solidarität und Gerechtigkeit, Humanität und Empathie orientiert, sich als Brückenbauer und diplomatischer Friedensvermittler betätigt und die Vereinten Nationen und ihre Regionalorganisationen (vor allem die OSZE) in ihren Friedensbemühungen unterstützt? Diese Frage muss auch im Kontext der friedensethischen Diskussionen der EKD überzeugend beantwortet werden.

Literatur

Akkermann, Jan. 2018. *Expanding the Fortress. The Policies, the Profiteers, and the People Shaped by the EU Border Externalization Programme.* Amsterdam: Transnational Institute.

Annan, Kofi. 2016. The Future of Global Governance. https://www.kofiannanfoundation.org/speeches/the-future-of-global-governance/. Zugegriffen: 18. Juli 2018.

BICC, HSFK, IFSH, INEF (Hrsg.). 2018. *Friedensgutachten 2018. Kriege ohne Ende. Mehr Diplomatie – weniger Rüstungsexporte.* Münster: LIT.

Breitung, Claudia, Wolf-Christian Paes und Luuk van de Vondervoort. 2016. *In Need of a Critical Re-think. Security Sector Reform in South Sudan.* Bonn: BICC.

Calic, Marie-Janine. 2002. Der Stabilitätspakt für Südosteuropa. http://www.bpb.de/apuz/26356/der-stabilitaetspakt-fuer-suedosteuropa?p=all. Zugegriffen: 18. Juli 2018.

Chojnacki, Sven. 2006. Democratic Wars and Military Interventions. In *Democratic Wars. Looking at the Dark Side of Democratic Peace,* hrsg. von Anna Geis, Lothar Brock und Harald Müller, 13–39. Houndmills: Palgrave Macmillan.

Debiel, Tobias. 2018. Die Scherben einer ziemlich besten Freundschaft. Wie sich die EU in Zeiten von Donald Trump aufstellen muss. *Blätter für deutsche und internationale Politik* 2018 (7): 41–49.

Ehrhardt, Christoph, Rainer Hermann, Christian Meier, Hans-Christian Rößler und Michael Stabenow. 2018. Die, auf die niemand wartet. Die Europäische Union will die Aufnahme und Registrierung von Migranten nach Afrika verlagern. Doch wie realistisch ist das, und wo könnten solche Zentren entstehen? *Frankfurter Allgemeine Zeitung* vom 16. Juli 2018, S. 3.

Europäische Union. 2017. The New European Consensus on Development „Our World, Our Dignity, Our Future". Joint Statement by the Council and the Representatives of the Member States. https://ec.europa.eu/europeaid/sites/devco/files/european-consensus-on-development-final-20170626_en.pdf. Zugegriffen: 18. Juli 2018.

Europäisches Parlament und Rat. 2017. Regulation (EU) 2017/2306 of the European Parliament and of the Council of 12 December 2017 amending Regulation (EU) No 230/2014 Establishing an Instrument Contributing to Stability and Peace. https://eur-lex.europa.eu/legal-content/EN/TXT/HTML/?uri=CELEX:32017R2306&from=EN. Zugegriffen: 18. Juli 2018.

Europäisches Parlament und Rat. 2018. Verordnung (EU) 2018/1092 des Europäischen Parlaments und des Rates vom 18. Juli 2018 zur Einrichtung des Europäischen Programms zur industriellen Entwicklung im Verteidigungsbereich zwecks Förderung der Wettbewerbsfähigkeit in der Verteidigungsindustrie der Union. https://eur-lex.europa.eu/legal-content/DE/TXT/PDF/?uri=CELEX:32018R1092&qid=1533645941647&from=DE. Zugegriffen: 18. Juli 2018.

European Commission, High Representative of the EU for Foreign Affairs and Security Policy. 2015. Joint Communication to the EP and the Council. Capacity Building in Support of Security and development – Enabling Partners to Prevent and Manage Crises. https://eur-lex.europa.eu/legal-content/EN/TXT/PDF/?uri=CELEX:52015JC0017&from=DE. Zugegriffen: 18. Juli 2018.

European Commission, High Representative of the EU for Foreign Affairs and Security Policy. 2016. Joint Staff Working Document. Capacity Building in Support of Security and Development. Accompanying the Proposal for a Regulation from the EP and the Council Amending Regulation (EU) No 230/2014 of 11 March 2014 Establishing an Instrument Contributing to Stability and Peace. https://eur-lex.europa.eu/legal-content/EN/TXT/PDF/?uri=CELEX:52016SC0225&from=DE. Zugegriffen: 18. Juli 2018.

European Commission. 2017. Regulation of the EP and of the Council Establishing the European Defence Industrial Development Programme Aiming at Supporting the Competitiveness and Innovative Capacity of the EU Defence Industry. https://eur-lex.europa.eu/legal-content/EN/TXT/PDF/?uri=CELEX:52017PC0294&from=EN. Zugegriffen: 18. Juli 2018. Zugegriffen: 18. Juli 2018.

Evangelische Kirche in Deutschland (EKD). 2007. *Aus Gottes Frieden leben – für gerechten Frieden sorgen. Eine Denkschrift des Rates der EKD*. Gütersloh: Gütersloher Verlagshaus.

Fischer, Martina. 2017. EU-Mitglieder intensivieren Militärkooperation. https://info.brot-fuer-die-welt.de/blog/eu-mitglieder-intensivieren-militaerkooperation. Zugegriffen: 18. Juli 2018.

Fischer, Martina. 2018. EU-Topf für Nachbarschaft, Entwicklung und Globales. https://info.brot-fuer-die-welt.de/blog/eu-topf-nachbarschaft-entwicklung-globales. Zugegriffen: 18. Juli 2018.

Geis, Anna. 2001. Diagnose: Doppelbefund – Ursache ungeklärt? Die Kontroversen um den „demokratischen Frieden". *Politische Vierteljahresschrift* 42 (2):. 283–298.

Jacob, Christian und Simone Schlindwein. 2017. *Diktatoren als Türsteher Europas. Wie die EU ihre Grenzen nach Afrika verlagert*. Berlin: Christoph Links-Verlag.

Kant, Immanuel. 2011 [1795]. *Zum ewigen Frieden*. Frankfurt a. M.: Suhrkamp.

Mogherini, Federica. 2016. *Shared Vision, Common Action: A Stronger Europe. A Global Strategy for the European Union's Foreign and Security Policy*. Brüssel: EU.

Mogherini, Federica. 2017. Mogherinis Statement zur Revision des IcSP anlässlich der Abstimmung im Europäischen Parlament am 14.9.2017; http://www.europarl.europa.eu/plenary/EN/vod.html?mode=unit&-vodLanguage=EN&vodId=1505384636108#. Zugegriffen: 18. Juli 2018.

Müller, Harald. 2004. The Antinomy of Democratic Peace. *International Politics* 41 (4): 494–520.

Müller, Harald. 2008. Der Demokratische Frieden und seine außenpolitischen Konsequenzen. http://www.bpb.de/apuz/30908/der-demokratische-frieden-und-seine-aussenpolitischen-konsequenzen?p=all. Zugegriffen: 18. Juli 2018.

Mützel, Daniel. 2017. EU-Pläne: 41 Milliarden Euro für das Militär. https://www.euractiv.de/section/eu-aussenpolitik/news/eu-plaene-41-milliarden-euro-fuer-das-militaer/. Zugegriffen: 18. Juli 2018.

Office of the High Commissioner for Human Rights. 2017. UN Human Rights Chief: Suffering of Migrants in Libya Outrage to Conscience of Humanity. https://www.ohchr.org/EN/NewsEvents/Pages/DisplayNews.aspx?NewsID=22393&LangID=E. Zugegriffen: 18. Juli 2018.

Owen, John M. 1994. How Liberalism Produces Democratic Peace. *International Security* 19 (2): 87–125.

Paris, Roland. 2004. *At War's End. Building Peace After Conflict*. Cambridge: Cambridge University Press.

Peters, Dominik und Maximilian Popp. 2018. Für Flüchtlinge die Hölle – für die EU ein Partner. http://www.spiegel.de/politik/ausland/libyen-die-hoelle-fuer-fluechtlinge-ein-partner-fuer-die-eu-a-1202364.html. Zugegriffen: 18. Juli 2018.

Puglierin, Jana. 2016. *Die Ertüchtigungsinitiative der Bundeswehr – Was steckt dahinter?* Berlin: Bundesakademie für Sicherheitspolitik.

Puglierin, Jana und Sebastian Feyock. 2016. Deutschland ertüchtigt. *Internationale Politik. Zeitschrift der DGAP* 2016 (Januar/Februar): 115–119.

Rüb, Matthias 2018. Italien auf Eskalationskurs. *Frankfurter Allgemeine Zeitung* vom 1. August 2018.

Schimmelfennig, Frank. 2010. *Internationale Politik*. Paderborn: Schöningh.

Spanger, Hans-Joachim und Jonas Wolff. 2007. Universales Ziel – partikulare Wege? Externe Demokratieförderung zwischen einheitlicher

Rhetorik und vielfältiger Praxis. In *Schattenseiten des demokratischen Friedens. Zur Kritik einer Theorie liberaler Außen- und Sicherheitspolitik*, hrsg. von Anna Geis, Harald Müller und Wolfgang Wagner, 261–286. Frankfurt a. M.: Campus.

Stabenow, Michael. 2018. Der Europäische Pfeiler. *Frankfurter Allgemeine Zeitung* vom 9. Juli 2018.

Wilson, Woodrow. 1965. *The Political Thought of Woodrow Wilson*, hrsg. von E. David Cronon. New York: Bobbs-Merril.

Wolff, Frank 2018. Die Grenze greift nach innen aus. *Frankfurter Allgemeine Zeitung* vom 16. Juli 2018.

Der plurale Frieden: Erste Gedanken zu einer dissoziativen Friedensstrategie

Matthias Dembinski

1   Einleitung

Der Versuch, den pluralen Frieden als Friedensstrategie auszu-
weisen, stößt auf ein doppeltes Hindernis: Erstens ist das Konzept
(noch) nicht etabliert. Es wird in keinem Lehr- oder Handbuch
behandelt, und es spielt in der wissenschaftlichen Literatur bisher
so gut wie keine Rolle. Den Begriff des pluralen Friedens haben
mein Kollege Achim Spanger und ich entwickelt, um Ursachen des
Konflikts zwischen Russland und dem Westen sichtbar zu machen
und Wege zur Entschärfung dieses Konflikts vorzuschlagen (Dembinski und Spanger 2017). Bislang stellt der plurale Frieden kaum
mehr als ein Desiderat oder ein Forschungsprogramm dar, das
zwar lohnende Ergebnisse verspricht, aber in seiner Erforschung
ganz am Anfang steht. Dabei ist der Grundgedanke des pluralen
Friedens weder besonders neu noch besonders überraschend. Er
besteht – um es in der Terminologie Johan Galtungs auszudrücken
– in der Annahme, Friede ließe sich nicht nur durch assoziative,
sondern auch durch dissoziative Strategien befördern. Ausbuch-
stabiert wurde Dissoziation als Friedensstrategie freilich nicht.

© Springer Fachmedien Wiesbaden GmbH, ein Teil von Springer Nature 2019
I.-J. Werkner und M. Fischer (Hrsg.), *Europäische Friedensordnungen
und Sicherheitsarchitekturen*, Gerechter Frieden,
https://doi.org/10.1007/978-3-658-23920-6_4

Die insbesondere von der lateinamerikanischen Forschung in den 1970er Jahren entwickelte *Dependencia*-Theorie und das Konzept der autozentierten Entwicklung kamen dem noch am nächsten; sie diskutierten aber Dissoziation eher als Entwicklungs- und weniger als Friedensstrategie (zur Rezeption dieser Ansätze in der deutschen Friedensforschung vgl. Senghaas 1974, 1978). Seitdem ist die Diskussion wieder versandet. Dissoziation als Friedensstrategie genauer in den Blick zu nehmen, erscheint aufgrund der akademischen Leerstelle, aber auch angesichts aktueller politischer Herausforderungen geboten. Allerdings ist Dissoziation nicht schon die Lösung, sondern ebenso ein Problem. Als Zustand mag gelungene Abgrenzung mit Frieden einhergehen; als Prozess ist Dissoziation aber oftmals durchaus spannungsreich. Die Aufgabe des Konzepts des pluralen Friedens besteht folglich darin, die Dynamik derartiger Prozesse besser zu verstehen und – falls sich andere Friedensstrategien als untauglich erweisen – Vorschläge zu entwickeln, wie sich Prozesse der Abgrenzung weniger spannungsreich organisieren lassen.

Zweitens hat der plurale Frieden als Friedensstrategie beziehungsweise als Strategie zur Lösung von Konflikten nicht viel zu bieten. Der Begriff Konflikt, so das *SAGE Handbook of Conflict Resolution* (Bercovitch et al. 2009, S. 3), bezeichnet sowohl gewaltsame Dispute als auch die Unvereinbarkeit von Positionen. Entsprechend diskutiert die große Familie der Konfliktlösungsstrategien zwei Zugänge: Sie können auf den Modus des Konfliktaustrags zielen und versuchen, die Eskalation von Positionsdifferenzen in den gewaltsamen Konfliktaustrag zu verhindern beziehungsweise das Spannungsniveau eines Konflikts auf einem handhabbaren Niveau zu halten. Oder sie können darauf zielen, die Ursachen von Konflikten zu bearbeiten, Konflikte zu überwinden oder zumindest die Struktur der Positionsdifferenzen so zu verändern, dass die Konfliktparteien einen gewaltsamen Austrag zunehmend ausschließen.

Gleiches gilt für Friedensstrategien. Friedensstrategien können entweder das Spannungsniveau reduzieren. Ein Beispiel für derartige Friedensstrategien ist die Rüstungskontrolle. Sie will nicht die territorialen oder ideologischen Konflikte beseitigen, sondern die militärischen Eskalationsgefahren einhegen und so das Spannungsniveau des Konfliktes reduzieren. Oder Friedensstrategien können die Ursachen zwischenstaatlicher Konflikte bearbeiten. Diese zweite Aufgabe ist die eigentliche Herausforderung; an ihr beweisen sich Friedensstrategien. In dieser Hinsicht kann der plurale Frieden nicht punkten. Er will das Nebeneinander antagonistischer Partner organisieren, nicht ihre gegensätzlichen Interessen und normativen Differenzen einebnen. Gerade angesichts der Problemlagen einer interdependenten, hochgradig globalisierten Welt, in der Kooperation und effektive Steuerung dringend nötig wären, erscheint der plurale Frieden daher nicht übermäßig attraktiv. Zudem gerät er schnell in den Verdacht, er würde die eigenen Werte und die legitimen Interessen Dritter auf dem Altar der Kompromisssuche mit normativ fragwürdigen Partnern opfern. Als Rückfalloption wird er daher nur vor dem Hintergrund der Schwächen und des Scheiterns seines Gegenstückes – der assoziativen Friedensstrategien – interessant. Um den pluralen Frieden stärker zu konturieren und deutlicher zu machen, um was es ihm geht und worin er sich von diesen unterscheidet, ist zunächst eine Auseinandersetzung mit den assoziativen Modellen geboten.

2   Assoziative Friedensstrategien als Gegenbegriff zum pluralen Frieden

Die Literatur zu Friedensstrategien ist übersichtlich. Noch immer setzt zumindest im deutschsprachigen Raum Ernst-Otto Czempiels Buch (1986) den Standard. Er thematisiert mit dem Völkerrecht, der internationalen Organisation, dem Herrschaftssystem sowie dem wirtschaftlichen Austausch und der wirtschaftlichen Wohlfahrt vier Stränge oder Familien von Friedensstrategien. Alle vier stehen in der Tradition des politischen Liberalismus und der Aufklärung. Auch wenn die Wurzeln einiger Strategien wie die des Völkerrechts weiter zurückreichen, wurden sie von den Vertretern des politischen Liberalismus im 18. und frühen 19. Jahrhundert wieder aufgegriffen und neu formuliert. Zusätzlich hat die Forschung zwei weitere Friedensstrategien identifiziert: zum einen den erstmals von Karl Deutsch beschriebenen Frieden durch Kommunikation, der die Forschung zu Sicherheitsgemeinschaften begründete; zum anderen den „Frieden durch Normbildung", den konstruktivistische Arbeiten etwa in der Tradition der *Stanford School* stark machen. Zusammenfassend lässt sich die relevante Literatur also folgenden idealtypischen Friedensstrategien zuordnen:

- Friede durch Völkerrecht und Rechtsprechung,
- Frieden durch internationale Organisation und kollektive Sicherheit,
- Frieden durch Demokratisierung,
- Frieden durch Handel,
- Friede durch Kommunikation und Sicherheitsgemeinschaften sowie
- Friede durch Normbildung und Sozialisation.

Die Grundannahme dieser Strategien besteht darin, Positionsdifferenzen und Konfliktursachen ließen sich durch eine Erhöhung des *Interaktionsniveaus* und eine Vertiefung der *Beziehungsstruktur* abbauen oder so verändern, dass ein gewaltsamer Konfliktaustrag aus Sicht der Akteure immer unwahrscheinlicher wird. In diesem Sinne sind diese Friedensstrategien allesamt assoziative Strategien. Der Begriff Interaktionsniveau bezeichnet hier die Summe der Kontaktpunkte und die Menge des Austausches von Gütern, Menschen, Informationen etc. Die Beziehungsstruktur bezeichnet die geteilten Grundlagen und Normen der Beziehung sowie die Erwartungen bezüglich des Umgangs der Partner miteinander. Die Beziehungsstruktur ist also sowohl beschreibend wie vorausgreifend. Wenn Staaten etwa eine völkerrechtliche Abmachung treffen, schaffen sie eine Beziehung als Rechtssubjekte mit der Erwartung, dass sich der andere zukünftig an das Recht hält. Das Interaktionsniveau und die Beziehungsstruktur stehen in einem wechselseitigen Verhältnis derart, dass höhere Interaktionsniveaus zu einer Vertiefung der Beziehungsstruktur führen und umgekehrt.

Der unterstellte Zusammenhang zwischen der Erhöhung des Interaktionsniveaus und der Vertiefung der Beziehungsstruktur einerseits und des Friedens andererseits liegt bei der Strategie „Frieden durch Handel" auf der Hand: Je mehr Waren getauscht und grenzüberschreitende direkte Investitionen getätigt werden und je mehr sich der Handel institutionalisiert und sich wechselseitige Erwartungen verfestigen, umso gewichtiger werden die friedenspolitischen Effekte (vgl. Gartzke 2007). Offensichtlich gilt dieser Zusammenhang auch für die Strategien „Frieden durch Normbildung" und „Frieden durch Kommunikation". Je verdichteter die Kommunikation und der Austausch und je verlässlicher die auf dieser Grundlage entstehenden wechselseitigen Erwartungen, desto stabiler der Frieden zwischen den Parteien. Er gilt aber auch für die übrigen Friedensstrategien. Die Friedensleistung von internationalen Organisationen wird in der Forschung als umso höher eingeschätzt, je größer die Regelungsleistung dieser Organisationen ist, je mehr Informationen sie über Kooperationsmöglichkeiten und die Regeleinhaltung der Partner generieren und je dichter die transnationalen und transgouvernementalen Netzwerke sind, die diese Organisationen zwischen ihren Mitgliedstaaten spinnen. Die Demokratisierung werde, andere Umstände gleichgesetzt, umso

eher gelingen und umso wirkungsvoller zum Frieden beitragen,
je besser die Instrumente der Demokratieförderung ausgestattet,
je gezielter Beratungsleistungen angeboten und je attraktiver die
Anreize gestaltet werden. Vor allem aber hängt die friedensfördernde Leistung davon ab, wie verlässlich die Beziehungen zwischen
dem zu demokratisierenden Staat und den Demokratieförderern
ausgestaltet werden (vgl. Youngs 2010; Burnell 2013). Und auch
in Bezug auf das Völkerrecht ist davon auszugehen, dass je mehr
Themenfelder der rechtlichen Regelung geöffnet und Streitfragen
internationalen Gerichten vorgelegt werden, desto höher der Beitrag zum Frieden ausfällt. Zusammenfassend hängt bei diesen
Strategien die friedensstiftende Leistung von der immer dichteren
Interaktion und der immer engeren Assoziation ab. Insgesamt gilt:
the more, the merrier.

Allerdings ließe sich bereits hier Widerspruch anmelden. Beispielsweise muss mehr Handel nicht immer zu mehr Frieden führen.
So machte etwa die von Realisten in den 1980er Jahren geführte
relative gains-Debatte auf die sicherheitspolitischen Risiken des
Handels mit dem Feind aufmerksam (vgl. Grieco 1988; relativierend
Snidal 1991). Und wenn internationale Organisationen wie der
Völkerbund ihre Teilnehmer genauer über die konträren Interessen
und feindlichen Absichten der anderen Mitglieder informieren,
leisten sie damit allenfalls einen Beitrag zum Abschreckungsfrieden.
Gleiches gilt für das internationale Recht. Wenn Organe der internationalen Rechtsprechung bei Streitfragen eingeschaltet werden,
ein Kontrahent sich aber weigert, die Streitfrage rechtlich klären
zu lassen oder ein Urteil ignoriert, kann die internationale Rechtsprechung das Spannungsniveau eines Konflikts sogar erhöhen.
Das vom *Permanent Court of Arbitration* organisierte Verfahren,
das im Konflikt um Hoheitsrechte im Südchinesischen Meer gegen
China ausging, liefert für die potenziell konfliktverschärfende

Wirkung internationaler Rechtsprechung bestes Anschauungs-material (vgl. Kreuzer 2018).

Damit eine Erhöhung des Interaktionsniveaus tatsächlich zu einer Vertiefung der Beziehungsstruktur und zu einer Erhöhung des Friedens führen kann, setzen die sechs Friedensstrategien auf einen zweiten kausalen Mechanismus: Sie gehen davon aus, dass sich mit der verstärkten Interaktion die Einheiten beziehungs-weise beteiligten Staaten ähnlicher werden und sich dadurch Positionsdifferenzen einebnen. In diesem Sinne sind die liberalen Friedensstrategien Transformationsstrategien.

Bei der Strategie „Frieden durch Demokratisierung" ist das offensichtlich. Der kausale Mechanismus der Transformation steht auch im Zentrum der Strategie „Frieden durch Kommuni-kation". Karl Deutsch ging ebenso wie die späteren Arbeiten zu Sicherheitsgemeinschaften davon aus, dass durch die intensivere Kommunikation ein Prozess sozialer Veränderung ausgelöst wird, ein *sense of community* entsteht und die Identitäten der Parteien so verändert werden, dass ein gewaltsamer Konfliktaustrag zwischen ihnen undenkbar wird. Bei der Strategie „Frieden durch Norm-bildung" liegt der transformative Kausalmechanismus ebenfalls auf der Hand. Die Vertreter der *Stanford School* sprechen von einem Isomorphismus, also einem Prozess der Angleichung von Organisationsformen (vgl. Meyer et al 1997). Und auch bei den verbreiteten Sozialisationstheorien steht die Angleichung von Identitäten im Zentrum und erklärt den friedensschaffenden Effekt (vgl. Checkel 2005).

Bei anderen Friedensstrategien ist dieser kausale Mechanismus der (erwarteten) Angleichung weniger offensichtlich, aber nicht weniger wichtig. Wie schon erwähnt sieht sich die Strategie „Frieden durch Handel" dem Vorwurf ausgesetzt, die erzielten Gewinne könnten asymmetrisch verteilt sein, die Machtbalance verschieben und letztlich den Frieden gefährden. Daher geht auch diese Stra-

tegie davon aus, dass sich mit dem Volumen des wirtschaftlichen
Austauschs und der Institutionalisierung des Handels die Akteure
ähnlicher werden und sich die Struktur ihrer Positionsdifferenzen
verändert. Besonders deutlich wird dies bei den US-amerikanischen
Diskussionen über den WTO-Beitritt Chinas. Die amerikanische
Zustimmung basierte auf der Erwartung, diese Vorleistung werde
die Transformation Chinas zu einer Marktwirtschaft absichern,
in der nicht nur die wirtschaftlichen, sondern sukzessive auch die
politischen Rechte der Marktteilnehmer gewährleistet sind (vgl.
United States Trade Representative 2018, S. 6). Gleiches gilt für die
Strategie „Frieden durch internationale Organisation". Hier wird
der Zusammenhang deutlich, wenn man als Ausgangspunkt ein
strikt rationalistisches Verständnis der Akteure wählt. Eine der-
artig zugespitzte Interpretation des Neo-Institutionalismus würde
Institutionen als Werkzeuge kostensensitiver Akteure begreifen,
deren Interessen und Präferenzen strikt exogen ausgerichtet sind,
also durch Interaktion nicht verändert werden können. Eine solche
Theorie stolpert unweigerlich in die sogenannte Endogenitätsfalle,
müsste sie das Design internationaler Organisationen und ihre
Entscheidungen mit der macht- und interessenpolitischen Konstellation der Mitgliedsstaaten erklären. Damit aber verschwände
ein eigenständiger Effekt der Institution. Friede wäre also nicht
der Institution zu verdanken, sondern der dahinter stehenden
Konstellation der Interessen der Mitgliedsstaaten. Und wenn sich
diese Konstellation ändert, wäre es mit dem Frieden schnell wieder
vorbei. Wie also können internationale Institutionen aus eigener
Kraft das Verhalten ihrer Mitglieder beeinflussen, auf Kooperation hin orientieren und so Frieden schaffen? Die entscheidende
Antwort lautet, Institutionen seien eben mehr als rein funktionale
Arrangements. Sie seien soziale Strukturen oder „recognized
patterns of behaviour or practice around which expectations con-
verge" (Young 1982, S. 277). Sie werden dem Anspruch, kollektive

Handlungsprobleme zu lösen und das Verhalten der Mitglieder gemeinwohlorientiert auszurichten, in dem Maße gerecht, wie Mitglieder die Normen und Regeln des Regimes anerkennen. Zu beobachten sei daher ein „widespread desire to socialize actors to conform" (Young 1982, S. 281). Kurzum, ein eigenständiger institutioneller Effekt stellt sich erst ein, wenn die Annahme aufgelöst wird, Interessen und Präferenzen der Mitgliedsstaaten seien ausschließlich exogen bestimmt.

Von der transformativen Hoffnung lebt selbst die Strategie „Frieden durch Recht". Das Völkerrecht sieht sich mit einem ähnlichen Paradox konfrontiert. Die internationale Rechtsetzung soll begründbare Kontroversen auflösen, bei denen sich die Konfliktparteien im Recht sehen, ist aber auf die Zustimmung der rechtsbetroffenen Staaten angewiesen (vgl. Besson 2016). Wie also kann das Völkerrecht dennoch eine eigenständige friedensstiftende Wirkung erzielen? – Auch hier lautet die Antwort, es müsse durch eine Sphäre von Legitimität und daraus wachsender Bereitschaft zur Rechtsunterwerfung abgesichert sein, die es entweder selbst erzeugen oder voraussetzen muss und die mit der Annahme, die Akteure seien mit einer starren Identität ausgestattet und verfolgten nur ihre Interessen, nicht vereinbar ist.

Zusammenfassend gehen liberale Friedensstrategien also von linearen Prozessen dergestalt aus, dass sich mit der Erhöhung der Interaktionsniveaus und der Vertiefung von Beziehungsstrukturen die Partner ähnlicher werden und sich Konflikte zwischen ihnen nicht nur managen, sondern Positionsdifferenzen reduzieren lassen und stabiler Frieden entstehen kann. Dieser Optimismus liberaler Friedensstrategien und ihre Zuversicht in die Wandlungs- und Reformfähigkeit von Akteuren hängen vermutlich zum einen mit ihrem Konfliktbegriff zusammen. So geht etwa Czempiel in Anknüpfung an Dahrendorf (1992) davon aus, Konflikte seien in sozialen Beziehungen allgegenwärtig und sogar Treiber von

Veränderung und Fortschritt. Konfliktfreie Beziehungen seien daher unwahrscheinlich und auch nicht wünschenswert. Entscheidend sei die Form des Konfliktaustrages (vgl. Czempiel 1981). Plausibel wird dieses Argument allerdings erst mit der Annahme, die Institutionalisierung von Konfliktaustragsformen gehe mit einer Veränderung der Identitäten der Konfliktpartner einher. Vor allem entspringt dieser Optimismus dem Aufklärungs- und Fortschrittsglauben des Liberalismus (vgl. Doyle 1997).

3   Der Einwand des pluralen Friedens

An diesem Punkt setzt der Einwand des pluralen Friedens an. Er rechnet mit der Möglichkeit, dass sich die Interessen und Identitäten von Akteuren als starr erweisen, Positionsdifferenzen unüberbrückbar bleiben und Transformation scheitert. Die Skepsis bezüglich der Wandelbarkeit von Identitäten und Interessen ist mittlerweile in der Forschung weit verbreitet und findet sich beispielsweise in Arbeiten zur Lokalisierung globaler Normen (vgl. Acharya 2009), zu hybriden und erstaunlich stabilen Herrschaftsformen zwischen Autokratie und Demokratie (Carothers 2002) oder zu Mechanismen des Mimikry, das heißt der oberflächlichen und lediglich formalen Nachahmung politischer Strukturen. Diese Forschung weist darauf hin, dass Transformationsprozesse überraschend oft nicht linear verlaufen, sondern unvollständig bleiben, reversibel sind oder zu nicht vorgesehenen Ergebnissen führen. Vor diesem Hintergrund interessiert sich der plurale Frieden dafür, wie das Scheitern von Assoziation und Transformationsprozessen Akteurskonstellationen beeinflusst und wie sich trotz fortbestehender normativer Differenzen und Interessenkonflikte Frieden organisieren lässt.

Sein Ausgangspunkt ist ein anderer Konfliktbegriff – einer, der Interessen und Positionsdifferenzen als relativ stabil begreift.

Einen solchen hat in Deutschland unter anderem Werner Link
(1994) formuliert. Anknüpfend an Kurt Singer begreift er Konflikte
als eine Unterform des allgemeineren Phänomens Wettbewerb.
Wettbewerb bezeichnet jede Art von Positionsdifferenzen, die sich
dadurch auszeichnen, dass sich die Parteien der Unvereinbarkeit
ihrer Positionen bewusst sind und jede eine Haltung einnimmt,
die den Wünschen der Gegenpartei entgegensteht. Damit aus dem
Wettbewerb ein Konflikt wird, muss die Unvereinbarkeit der Positionsdifferenzen handlungsleitend werden. Staatenbeziehungen seien
in der Regel bestimmt durch ein Mischungsverhältnis von konflikthaften Positionsdifferenzen und konvergierenden Positionen.
Wenn sich Beziehungen polarisieren, das heißt die konflikthaften
Positionen dominant und handlungsleitend werden, trete eine
kritische Spannung ein, die die bestehende Beziehungsstruktur
gefährdet. Der Begriff der Beziehungsstruktur blieb bei Link etwas
vage. An einer Stelle spricht er auch von der „Organisation oder
Struktur der die Akteure integrierenden Einheit" (Link 1979, S. 37).
Gemeint ist damit ein

> „präinstitutionales Beziehungsmuster auf globaler oder regionaler
> Ebene; anders ausgedrückt: eine Konfiguration oder Struktur, die
> sich aus der Beziehung der Staaten zueinander ergibt und die das
> Handeln der Staaten limitiert und konditioniert, ebenso wie es
> umgekehrt von ihm geprägt wird" (Link 1979, S. 40).

In solchen Situationen könne die kritische Spannung durch eine
Veränderung der Beziehungsstruktur reduziert werden (vgl. Link
1994, S. 104). In Anlehnung an Singer nennt Link vier Idealtypen
einer solchen Konfliktregulierung: Die Absenkung des Organisationsgrades der Beziehungsstruktur, die Erhöhung desselben,
die kämpferische Beseitigung der Beziehungsstruktur und die
Isolation. Relevant ist dabei im Grunde nur die Reduzierung des
Organisationsgrades der Beziehung (bis hin zur Isolation).

Damit ist ein Kerngedanke des pluralen Friedens bereits umrissen. Er geht aus von einem Zusammenhang zwischen der *Konfliktformation*, also dem Mischungsverhältnis von konvergierenden und sich ausschließenden Positionen, und der Beziehungsstruktur, also den Normen und Erwartungen bezüglich des Umgangs miteinander. Das Konzept des pluralen Friedens eignet sich, um Beziehungen zu beschreiben, bei denen die Akteure wenig Kontakt haben. Hier erwartet es, dass die Beziehungsstruktur locker ist und der Spannungsgrad von der Konfliktformation abhängt. Interessant wird das Konzept aber für bestimmte Typen von polarisierten Beziehungen. Eine Polarisierung und damit einhergehend eine Erhöhung der Spannungen kann durch externe Schocks ausgelöst werden. Eine Polarisierung kann aber auch von einer nicht passenden Beziehungsstruktur ausgelöst werden. Darauf wies bereits Link (1979, S. 40) hin. Es könne „davon ausgegangen werden, dass eine nicht-adäquate Organisationsform ihrerseits kritische Spannungen verursacht". Dies ist insbesondere dann der Fall, wenn die Beziehungsstruktur Erwartungen an die Akteure formuliert, die eine größere Anpassung ihrer Interessen und Identitäten verlangt als diese zu liefern in der Lage sind.

Wie aber verstricken sich Akteure in Beziehungsstrukturen, die sie überfordern? Eine Antwort findet sich in den Mechanismen der liberalen Friedensstrategien. In vielen Konstellationen erfolgt die Erhöhung des Organisationsgrades der Beziehungsstruktur nicht im Einklang mit den tatsächlichen Interessen und Normen der Beteiligten, sondern durch Anreize oder verdeckten Zwang. In den letzten zwei Dekaden übten westliche Ordnungen einen mächtigen *pull* aus. Die entstandenen Beziehungsstrukturen bildeten zunehmend nicht den Stand der wechselseitigen Interessen und Identitäten ab, sondern westliche Ordnungsvorstellungen, die andere übernehmen wollten und sollten. In dem Maße, in dem das Volumen der Interaktion zunimmt, die Interdependenz und der Regelungsbedarf steigt und die Beziehungsstruktur Normen formuliert und Erwartungen darüber vorgibt, wie die Akteure den Regelungsbedarf in gemeinsames Handeln umsetzen sollen, erhöht sich die Notwendigkeit der Anpassung. Damit wird deutlich, in welchen Situationen sich die Devise *the more the merrier* als fatal und Auslöser für Spannungen erweisen kann. Nämlich dann, wenn die Beziehungsstruktur die Akteure zur Einigung entlang von normativen Vorgaben und Erwartungen festlegt und damit von ihnen Anpassungsleistungen einfordert, die sie aufgrund der Struktur ihrer Interessen und Identitäten nicht erbringen können. In solchen Situationen wird die Beziehungsstruktur zur Spannungsursache. Und für solche Situationen schlägt der plurale Frieden eine Reduzierung des Organisationsgrades der Beziehungsstruktur vor, hoffend, so Polarisierungen rückgängig machen und Spannungen abbauen zu können. Durch einvernehmliche Abgrenzung, Reduzierung des Interaktionsniveaus und die Tolerierung von Differenz will er neben den Positionsdifferenzen auch wieder die Positionskonvergenzen sichtbar und handlungsleitender machen und so Spannungen abbauen. Kurzum lässt sich der plurale Frieden auf einen sprichwörtlichen Punkt bringen: *Good fences make good neigbors.* Dabei ist sich der plurale Frieden bewusst, dass die gelungene Abgrenzung und Grenzziehung zwar wieder ein gedeihliches Miteinander verspricht, der Weg dorthin aber äußerst spannungsreich, destruktiv und gewaltsam sein kann. Die Spannungen haben ihre Ursache zwar in der fehlgeschlagenen Assoziation; sichtbar und bearbeitungsbedürftig werden sie aber im Prozess der Dissoziation. Gleichzeitig legen beobachtbare Fälle von Dissoziation (siehe unten) die Vermutung nahe, dass diese Trennungsprozesse zwar durchgängig durch erhöhte Spannungen charakterisiert sind, das Spannungsniveau aber über Trennungsprozesse hinweg variiert und möglicherweise nicht nur von den Bedingungen der gescheiterten Assoziation, sondern auch vom

Verhalten der Akteure während des Dissoziationsprozesses abhängig und damit beeinflussbar ist.

4   Das Forschungsprogramm des pluralen Friedens

Über die Intuition hinaus, dass assoziative Strategien fehlschlagen,
zu einer krisenhaften Polarisierung der Beziehungen führen und
diese durch Dissoziation wieder entspannt werden können, hat der
plurale Frieden bisher wenig zu bieten. Diese Idee ist bisher kaum
mehr als ein Desiderat, ein Forschungsprogramm, das ganz am
Anfang steht, sich kaum auf bestehende Forschungen stützen kann,
sondern Neuland betreten muss, und aufgrund der vermutlich
geringen Fallzahl methodisch auf qualitative Zugänge beschränkt
bleiben wird. Um dieses Forschungsprogramm zu konturieren,
sollen im Folgenden der Einzugsbereich des pluralen Friedens
umrissen, eine Heuristik zur Erklärung der Spannungen angedeutet und die praxeologisch wichtige Aufgabe der Entwicklung
von Dissoziationsstrategien benannt werden.

4.1   Der Einzugsbereich des pluralen Friedens

Wie angedeutet ist das Konzept des pluralen Friedens nur für eine
geringe Zahl von Fällen relevant, nämlich für solche, bei denen
Projekte der Assoziation in die Krise geraten und die beteiligten Parteien keinen Weg finden, um die Krise als Ausgangspunkt für einen
assoziativen Neustart zu nutzen. Der plurale Frieden ist, dies kann
nicht deutlich genug betont werden, nur eine Rückfallstrategie. Dabei ist nicht jede Form von gescheiterter Institutionalisierung gleich
bedeutsam. Staaten treten nicht selten und aus vielerlei Gründen

aus internationalen Organisationen aus oder von internationalen Verträgen zurück.[1] Inken von Borzyskowski und Felicity Vabulas (2018) zählen 200 Austritte aus internationalen Organisationen seit 1954. Laurence R. Helfer (2005) berichtet von 1.547 Rücktritten von multilateralen Verträgen im Zeitraum von 1945 bis 2004. In der Regel verlaufen diese Austritte geräuscharm. Entsprechend wird die überschaubare Literatur zu diesem Phänomen dominiert von *rational choice*-Ansätzen, die den Austritt aus internationalen Organisationen mit sich wandelnden Kosten-Nutzen-Kalkulationen rational handelnder Mitglieder erklären (vgl. Shi 2018).

Relevant für den pluralen Frieden ist eine kleine Teilmenge derartiger Rücktritte, nämlich gescheiterte Bemühungen um eine politische beziehungsweise soziale Assoziation. Sie zeichnen sich aus durch (a) Bemühungen der Assoziation mit einer Institution, die als Ausdruck von politischer und sozialer Ordnung gilt und die auf die Durchsetzung von Verhaltenserwartungen, Normen und Werten zielt, (b) eine krisenhafte Zuspitzung von Konflikten über diese Verhaltenserwartungen und (c) die anschließende Dissoziation von dieser institutionellen Ordnung. Beispiele für derartige Dissoziationsprozesse sind etwa das sowjetisch-chinesische Zerwürfnis in der zweiten Hälfte der 1950er Jahre, deren Spannungen 1969 in einem blutigen Grenzkrieg eskalierten, das Ausscheren Kubas aus einer amerikanisch-geprägten hemisphären Ordnung 1962, der Austritt Jugoslawiens aus dem Kommunistischen Informationsbüro (1948) oder das Ausscheiden Irans aus einer westlichen Ordnung 1979. Aktuell gehören dazu das Ausscheren Russlands auf der transatlantischen beziehungsweise westeuropäischen Ordnung,

---

1 Ein Beispiel für einen nicht-konflikthaften Austritt ist die Ankündigung Nigerias vom Herbst 2017, aus 90 internationalen Organisationen austreten zu wollen, weil es 120 Millionen Dollar in Mitgliedsbeiträgen schuldet und diesen Betrag nicht aufbringen kann oder will (vgl. https://www.thecable. ng/breaking-nigeria-to-withdraw-from-90-international-organisations).

die Umkehrung des Assoziationsprozesses der Türkei mit der EU und der Brexit. Die Krise der liberalen Nachkriegsordnung und die weiter bestehenden Positionsdifferenzen innerhalb der EU über die Zukunft der Wirtschafts- und Währungsunion, den Dublin- und Schengen-Raum und die rechtsstaatlichen Normen lassen zudem befürchten, dass dieses Forschungsprogramm künftig an Bedeutung gewinnen könnte. Neben zwischenstaatlichen Dissoziationsprozessen ließe sich das Konzept des pluralen Friedens vermutlich auch auf Sezessionen anwenden.

4.2   Spannungen verstehen

Der Mainstream der Forschung verortet die Ursachen der aktuell hohen Spannungen etwa in der Krise der russisch-westlichen Beziehungen oder im europäisch-türkischen Verhältnis, auf einer der beiden Seiten: entweder der autoritären Wende Russlands unter Putin beziehungsweise der Türkei unter Erdogan oder der Missachtung des Prinzips gemeinsamer Sicherheit durch den Westen beziehungsweise der Unaufrichtigkeit des EU-Beitrittsversprechens. Dagegen vermutet der plurale Frieden die Ursachen des hohen Spannungsniveaus auf der Ebene der Interaktion. Er geht davon aus, dass die gescheiterte Assoziation Spannungen erzeugt, die im anschließenden Prozess der Dissoziation sichtbar werden.

Wie erwähnt, haben die Disziplinen der Internationalen Beziehungen und der Friedensforschung Prozesse institutioneller Dissoziation bisher weitgehend ignoriert. In benachbarten Disziplinen wie der Sozialpsychologie sind die Auflösung individueller Beziehungen dagegen intensiv untersucht worden. Nicht überraschend betont diese Forschung den schmerzhaften, konfliktreichen und oft destruktiven Charakter von Trennungen. Selbst trotz weiterbestehender gemeinsamer Interessen gelinge Kooperation in solchen Situationen nur selten. Stattdessen neigten Individuen dazu, ihren früheren Partnern negative Attribute zuzusprechen und sie im Trennungsprozess zu schädigen (vgl. Berscheid und Reis 1998, S. 251). Trennungen sind in der Regel schmerzhafter und konfliktreicher, wenn die Partner vorher viel emotionales Kapital in die Beziehung investiert hatten als wenn die Beziehung eher von materiellen Interessen zusammengehalten wurde. Trennungen erzeugen die geringsten Spannungen, wenn beide Partner die Beziehung bereits emotional beendet hatten und es nur noch darum geht, die Erträge gemeinsamer Investitionen aufzuteilen (vgl. Grau 2002, S. 94).

Die Übertragung derartiger Einsichten auf die Beziehung zwischen organisierten Kollektiven ist – auch wenn gegenwärtig ein *emotional turn* in den Internationalen Beziehungen konstatiert werden kann – sicherlich nur begrenzt möglich. Dennoch lassen sie sich als Heuristik nutzen, um kausale Mechanismen und Unterschiede zu benennen, die für die Varianz des Spannungsniveaus bei zwischenstaatlichen Spannungsprozessen verantwortlich sein könnten.

Institutionalisierte Kooperation erzeugt für die beteiligten Staaten Nutzen und Anpassungskosten. Gleichzeitig wissen wir, dass internationale Kooperation auch innergesellschaftliche Umverteilungseffekte zur Folge hat. Über die materiellen Kosten und Nutzen hinaus weist die institutionalisierte Kooperation wie erwähnt eine normative Dimension auf. Im Trennungsprozess werden sowohl die gesamtstaatlichen wie innergesellschaftlichen Kosten-Nutzen-Bilanzen relevant. Aus gesamtstaatlicher Sicht können Assoziationsprozesse über die Verteilung von Gütern in die Krise geraten. Im Prozess der Dissoziation ergeben sich materielle Verteilungskonflikte etwa über die Aufteilung früherer Investitionen oder gemeinsamer Verpflichtungen – die „Abschlussrechnung" des britischen EU-Austritts ist das beste Beispiel. Verteilungskonflikte nehmen dann an Schärfe zu, wenn die früheren Partner im Prozess der Dissoziation die im Zerfall befindlichen Regelwerke über die Verteilung von Kooperationsgewinnen nicht mehr anerkennen und einseitige Vorteile erzielen wollen. Spannungen können steigen, weil beide Seiten unilaterale Strategien zur Maximierung ihres Vorteils einsetzen. Negative Kopplungen, eine Polarisierung der Beziehungen und eine „Versicherheitlichung" ökonomischer Konflikte wären die Folge. Geht es neben der Verteilung materieller Kosten auch um normative Güter, wie es etwa beim Ausstieg aus einer Sicherheitsgemeinschaft, die auf geteilten Werten aufbaut, der Fall ist, könnten die resultierenden Spannungen sogar noch ansteigen. Denn dann stünde die gemeinsame Identität infrage, würde das Verhalten des Austretenden von den früheren Partnern an den vereinbarten Normen gemessen und als Verrat bewertet werden und könnten Abgrenzungs- und *Ingroup-Outgroup*-Mechanismen die Spannungen erhöhen. Aus dem früheren Partner wird dann schnell der Verräter, den es zu bestrafen gilt und mit dem sich Kooperation selbst dann verbietet, wenn es gemeinsame Interessen gibt.

Auch die Redistribution von Kosten und Nutzen auf innergesellschaftlicher Ebene kann Spannungen erhöhen. Denn ebenso wie die Assoziation gesellschaftliche Gewinner und Verlierer produziert, wird die Dissoziation die materiellen und ideellen Interessen einiger gesellschaftlicher Segmente schädigen und die anderer fördern. Mit dem Abbruch der Wirtschaftsbeziehungen schwinden beispielsweise die Gewinne exportorientierter Sektoren und verlieren ihre Investitionen an Wert. Gleichzeitig erhöhen sich die Gewinne der an Protektion interessierten Sektoren. Mit dem Ausstieg aus Wertegemeinschaften verlieren die gesellschaftlichen Gruppen, die sich mit diesen Werten identifizieren, einen Anker, während die Gruppen, die die Werte der früheren Gemeinschaft ablehnen, gestärkt werden. In dieser Situation könnten Regierun-

gen versucht sein, die Widerstände und Proteste gesellschaftlicher
Verlierer aufzufangen, indem sie die früheren Partner dämonisieren
und Differenzen über die früher gemeinsamen Werte aufbauschen.

Zusammenfassend vermutet der plurale Frieden also, dass die
hohen Spannungen, die Dissoziationsprozesse typischerweise
produzieren, aus der Interaktion entstehen und mit der Auflösung
der früheren Assoziation zu tun haben. Dissoziationsprozesse
dürften dann besonders spannungsreich verlaufen, wenn nicht nur
materielle Interessen zur Disposition stehen, sondern der Streit
auch die früher gemeinsam geteilten Werte betrifft. Gleichzeitig
hofft der plurale Frieden, durch eine Steuerung Polarisierungen
vermeiden und Spannungen reduzieren zu können.

4.3   Dissoziation organisieren

Wie Dissoziation zu organisieren ist, um Spannungen möglichst
zu reduzieren, hängt von den Bedingungen des jeweiligen Falles
ab. Dennoch lassen sich eine Reihe von allgemeinen Handlungs-
empfehlungen nennen: Wenn die Unvereinbarkeit der Positionen
über normative Fragen hohe Spannungen erzeugt, käme es erstens
darauf an, diesen Streit durch Abgrenzung zu entschärfen. Statt auf
gemeinsamen Werten zu beharren, empfiehlt der plurale Frieden
das Prinzip der normativen Toleranz. Dies bedeutet nicht, dass die
Parteien eigene Normen und Werte infrage stellen müssten oder
sich in diesen Fragen um Kompromissformeln bemühen sollten,
sondern dass sie normative Differenz und Pluralität tolerieren.
Das ist für westliche Staaten, deren normative Prinzipien auf dem
universalen Prinzip der Menschenrechte ruhen, nicht einfach und
nicht bedingungslos akzeptabel. Wo das Toleranzprinzip aus Sicht
westlicher Staaten seine Grenzen findet, hat etwa John Rawls (1999,
S. 37) mit der Unterscheidung zwischen „well-ordered hierarchal

societies" und „outlaw states" herausgearbeitet. Erstere, obwohl im westlichen Verständnis illiberale Staaten, akzeptieren einen Satz basaler Prinzipien, der das Miteinander in einer Gemeinschaft der Völker regelt. Dazu gehören Prinzipien wie *pacta sund servanda*, die Achtung der Souveränität und territorialen Integrität und die Achtung grundlegender Menschenrechte.

Wenn im Prozess der Dissoziation territoriale Konflikte akut werden, ist höchste Aufmerksamkeit geboten und sind diese vorrangig zu bearbeiten. Je nachdem, wie territoriale Konflikte gelagert sind, kann Dissoziation die Bestätigung von Grenzziehungen, die Demarkation von Grenzen oder das Einfrieren und die Isolation territorialer Konflikte bedeuten. Eine hilfreiche Rolle kann dabei die internationale Mediation und die Entsendung internationaler Beobachter oder Schutztruppen zur Überwachung des territorialen Status quo spielen. Zentral sind in jedem Fall die territoriale Abgrenzung und die wechselseitige politische Bestätigung dieser Abgrenzung.

In vielen Fällen werden durch die gescheiterte Assoziation und im Prozess der Dissoziation sicherheitspolitische Konflikte wieder virulent. Ein entsprechend großes Gewicht räumt der plurale Frieden den Instrumenten militärischer Vertrauensbildung und Rüstungskontrolle ein. Sie können helfen, eigendynamische Aktions-Reaktions-Dynamiken einzufangen und militärische Instabilitäten zu reduzieren.

Schließlich geht es dem pluralen Frieden darum, die Polarisierung der Beziehungen rückgängig zu machen und die Autonomie von Politikfeldern durch Rückführung negativer Kopplungen zu erhöhen. In dem Maße, in dem der Organisationsgrad der Beziehung durch Dissoziation abgesenkt und neben den Positionsdifferenzen auch wieder gemeinsame Interessen sichtbar werden, will der plurale Frieden die Kooperation in Bereichen gemeinsamer Interessen wieder ermöglichen. Die Förderung der

Kooperation in Bereichen gemeinsamer Interesse ist neben der Sicherung von Gewinnen aus einem weiteren Grund bedeutsam. Wie erwähnt, verzichtet der plurale Frieden weitgehend darauf, eigene Werte durchzusetzen. Dadurch setzt er sich dem Vorwurf der Indifferenz gegenüber Menschenrechten, Rechtsstaatlichkeit und anderen liberalen Werten aus. Wie bereits ausgeführt gilt dieser Vorwurf nicht für das Innere des eigenen Gestaltungsbereichs. Hier plädiert der plurale Frieden gerade für eine möglichst gute Ausgestaltung der eigenen Werteordnung. Und auch im Verhältnis zu dem normativ Anderen will der plurale Frieden die Chance auf dessen Reformfähigkeit nicht aufgeben, sondern hofft, durch das eigene Beispiel befördern zu können. Der Austausch und die Aufrechterhaltung der Kooperation in den Bereichen, in denen dies möglich ist, dienen auch dazu, die eigenen Werte und die Vorteile der eigenen Organisationsformen grenzüberschreitend sichtbar zu machen.

Literatur

Acharya, Amitav. 2009. *Whose Ideas Matter? Agency and Power in Asian Regionalism.* Ithaca: Cornell University Press.

Bercovitch, Jacob, Victor Kremenyuk und I. William Zartman. 2009. Introduction: The Nature of Conflict and Conflict Resolution. In *The Sage Handbook of Conflict Resolution*, hrsg. von Jacob Bercovitch, Victor Kremenyuk und I. William Zartman, 1–12. London: Sage.

Berscheid, Ellen und Harry T. Reis. 1998. Attraction and Close Relationships. In *The Handbook of Social Psychology*, Volume II, hrsg. von Daniel T. Gilbert, Susan T. Fiske und Gardener Lindzey, 193–281. 4. Aufl. Boston: McGraw Hill.

Besson, Samantha. 2016. State Consent and Disagreement in International Law Making. Dissolving the Paradox. *Leiden Journal of International Law* 29 (2): 289–316.

Borzyskowski, Inken von und Felicity Vabulas. 2018. *The Costs of Membership Withdrawal from Intergovernmental Organizations.* Paper prepared for the Political Economy of International Organizations Conference, 8.-10.02.2018, University of Wisconsin, Madison.

Burnell, Peter J. 2013. Promoting Democracy. *Government and Opposition* 48 (2): 265–287.

Carothers, Thomas 2002. The End of the Transition Paradigm. *Journal of Democracy* 13 (1): 5–21.

Checkel, Jeffrey T. 2005. International Institutions and Socialization in Europe: Introduction and Framework. *International Organization* 59 (4): 801–26.

Czempiel, Ernst-Otto. 1981. Internationale Politik. Paderborn: UTB Schöningh.

Czempiel, Ernst-Otto. 1986. Friedensstrategien. Paderborn: UTB Schöningh.

Dahrendorf, Ralf. 1992. Der moderne soziale Konflikt. Essay zur Politik der Freiheit. Stuttgart: Deutsche Verlagsanstalt.

Dembinski, Matthias und Hans-Joachim Spanger. 2017. *Pluraler Frieden. Leitgedanken zu einer neuen Russlandpolitik.* Frankfurt a. M.: HSFK.

Doyle, Michael W. 1997. *Ways of War and Ways of Peace: Realism, Liberalism, and Socialism.* New York: Norton.

Gartzke, Eric. 2007. The Capitalist Peace. *American Journal of Political Science* 51 (1): 116–191.

Grau, Ina 2002. Erleben und Verarbeiten von Liebeskummer. *Zeitschrift für Psychologie* 210 (2): 87–98.

Grieco, Joseph M. 1988. Anarchy and the Limits of Cooperation: A Realist Critique of the Newest Liberal Institutionalism. *International Organization* 42 (3): 285–507.

Helfer, Laurence R. 2005. Exiting Treaties. *Virginia Law Review* 91 (7): 1579–1648.

Kreuzer, Peter. 2018. *Dealing with China in the South China Sea: Duterte Changing Course.* Frankfurt a. M.: HSFK.

Link, Werner. 1979. Überlegungen zum Begriff „Konflikt" in den Internationalen Beziehungen – Versuch der Begriffsklärung. *Politische Vierteljahresschrift* 20 (1): 33–50.

Link, Werner. 1994. Überlegungen zu einer strukturellen Konflikttheorie. In *Frieden und Konflikt in den internationalen Beziehungen*, hrsg. von Gert Krell und Harald Müller, 99–115. Frankfurt a. M.: Campus.

Meyer, John W., John Boli, George Thomas und Francesco Ramirez. 1997. World Society and the Nation State. *American Journal of Sociology* 103 (1): 144–181.

Rawls, John. 1999. *The Law of Peoples*. Harward: Harvard University Press.

Senghaas, Dieter (Hrsg.). 1974. *Peripherer Kapitalismus. Analysen über Abhängigkeit und Unterentwicklung*. Frankfurt a. M.: Suhrkamp.

Senghaas, Dieter. 1978. *Dissoziation und autozentrierte Entwicklung: eine entwicklungspolitische Alternative für die Dritte Welt*. Frankfurt a. M.: HSFK.

Shi, Mingtao. 2018. State Withdrawal From International Institutions: Changing Social Relations Within Divergent Institutions. *International Politics* 55 *(2)*: 221-241.

Snidal, Duncan. 1991. Relative Gains and the Pattern of International Cooperation. *The American Political Science Review* 85 (3): 701–726.

United States Trade Representative. 2018. 2017 Report to Congress on China's WTO Compliance. Washington.

Young, Oran R. 1982. Regime Dynamics: The Rise and Fall of International Regimes. *International Organization* 36 (2): 277–297.

Youngs, Richard. 2010. *The European Union and Democracy Promotion: A Critical Global Assessment*. Baltimore, Md.: Johns Hopkins University Press.

Die Rolle des Vertrauens für eine Sicherheitspolitik der Kooperation

Pascal Delhom

1 Einleitung

Der Schutz vor Gewalt und Verletzungen ist ohne Zweifel eine der wichtigsten Aufgaben jeder Friedens- und Sicherheitspolitik. Denn kein Frieden kann von Dauer sein, in dem ein solcher Schutz nicht gewährleistet wird und in dem sich Menschen vor anderen Menschen fürchten müssen. Dies gilt umso mehr für eine Auffassung des gerechten Friedens, die nicht nur vor Gewalt, sondern auch vor Not zu schützen beansprucht. Wie allerdings dieser Schutz gewährt wird, hängt weitgehend von der Auffassung von Sicherheit ab, die ihn realisieren soll. Ich werde mich im Folgenden auf eine Sicherheit durch Kooperation konzentrieren, die mir als einzige im Rahmen einer Politik des Friedens angemessen zu sein scheint, die weder gegen noch ohne die anderen, sondern nur mit ihnen geführt werden kann. Eine der Bedingungen einer entsprechenden Sicherheitspolitik ist das Vertrauen, das allerdings selber nicht bedingungslos geschenkt und nicht ohne Voraussetzungen erworben werden kann. Um die verschiedenen Dimensionen

© Springer Fachmedien Wiesbaden GmbH, ein Teil von Springer Nature 2019
I.-J. Werkner und M. Fischer (Hrsg.), *Europäische Friedensordnungen und Sicherheitsarchitekturen*, Gerechter Frieden,
https://doi.org/10.1007/978-3-658-23920-6_5

einer Praxis des Vertrauens im Dienst der Sicherheit wird es im folgenden Beitrag gehen.

2   Sicherheitspolitik – zwei Perspektiven

Seit geraumer Zeit orientiert sich der Begriff der Sicherheitspolitik – im theoretischen wie im politischen Diskurs – nach einem bestimmten, gefahrenzentrierten Verständnis von Sicherheit. Erläuterungen zur Sicherheitspolitik bemühen meistens das semantische Feld der Gefahrenabwehr und rechtfertigen entsprechende Maßnahmen, auch wenn diese auf Kosten der eigenen Freiheit erfolgen. Dennoch möchte ich die folgenden Überlegungen mit einer sehr schematischen, aber heuristisch wichtigen Unterscheidung zwischen zwei Grundarten der Sicherheitspolitik einleiten. Dass keine Politik und keine Sicherheitsinstitution ausschließlich der einen Art entsprechen, vermag nicht darüber hinwegzutäuschen, dass es sich um entgegengesetzte Verständnisse handelt.

Die erste Art ist eben gefahrenzentriert. Sie besteht erstens in der Definition möglicher und realer Gefahren für eine gesellschaftliche Ordnung, zweitens in der Verortung der Quellen dieser Gefahren innerhalb und außerhalb dieser Ordnung und drittens in der Bekämpfung dieser Gefahren durch Ein- und Aussperrung, durch Abschreckung oder durch Zerstörung dieser Quellen. Auf allen Ebenen ist eine solche Sicherheitspolitik mit Gewalt behaftet, sei es in der Form einer einbrechenden, verletzenden und tötenden, einer ausschließenden oder einer angedrohten Gewalt, sei es eine Gewalt der Waffen, der Überwachung oder sogar der drohenden beziehungsweise als „Gefährder" definierenden Sprache. Auf allen Ebenen ist diese Sicherheitspolitik auch freiheitsberaubend, und zwar nicht nur für diejenigen, die beseitigt, ein- und ausgesperrt, überwacht, bedroht oder als potenzielle Gefährder kategorisiert

werden, sondern auch für diejenigen, die durch sie geschützt werden
sollen, die aber in der ständigen Angst vor diesen Gefahren leben
müssen, denn ohne diese Angst würde die gefahrenzentrierte
Sicherheitspolitik jede Legitimierung ihrer Gewaltsamkeit und
der mit ihr einhergehenden Einschränkung der Freiheit verlieren.
Eine gefahrenzentrierte Sicherheitspolitik muss also das Bewusstsein der drohenden Gefahr aufrechterhalten, als Garantie ihrer
Notwendigkeit und ihrer Legitimität. Allerdings schränkt dieses
Bewusstsein selbst die Handlungsfreiheit ein: Freies Handeln setzt
nämlich ein Gefühl der Sicherheit voraus und wird durch Angst
systematisch untergraben (vgl. Montesquieu 1951 [1748], Buch XII).

Demgegenüber steht eine Auffassung der Sicherheit durch Kooperation, die nicht konstitutiv *gegen* andere gerichtet, sondern im
Gegenteil als eine gemeinsame Aufgabe aufgefasst wird, die jede
Seite nur *mit* der anderen erfüllen kann. Eine solche Sicherheitspolitik fasst entsprechend die anderen nicht primär als (potenzielle)
Gefahren auf. Sie besteht vielmehr darin, die Bedingungen zu
verwirklichen, unter denen sie jeweils für uns keine Gefahr darstellen beziehungsweise nicht zu einer Gefahr werden. Dies setzt
erstens voraus, dass die anderen als unverzichtbare Akteure einer
gemeinsamen Sicherheitspolitik anerkannt werden. Es fordert zweitens, dass Praktiken und Strategien des gemeinsamen Handelns
gemeinsam entwickelt werden, die eine verlässliche Grundlage
für die Wahrnehmung der gemeinsamen Aufgabe der Sicherheit
bilden. Eine solche Sicherheitspolitik vermeidet den Rekurs auf –
sei es nur drohende – Gewalt gegen die Kooperationspartner, der
die Bedingungen des gemeinsamen Handelns nur gefährden kann.
Und sie ist insofern freiheitsfördernd, als jede Partei die Freiheit
der anderen anerkennen muss und diese sogar zur Erfüllung der
gemeinsamen Aufgabe einbezieht und einsetzt.

Eine auf Kooperation basierende Sicherheitspolitik ist notwendig eine langfristig angelegte Politik. Sie scheint in den meisten

Fällen unangebracht, wenn es darum geht, unmittelbar drohende Gefahren abzuwehren. Mitten in einem bewaffneten Konflikt oder in Anbetracht terroristischer Bedrohung kann sie ja sogar als blauäugig und gefährlich erscheinen. Allerdings erfordert sie, dass auch im Fall einer unmittelbaren Gefahrenabwehr keine Mittel eingesetzt werden, die eine zukünftige Kooperation unmöglich machen. Ähnlich hatte bereits Immanuel Kant (1968 [1795], S. 200) in seinem sechsten Präliminarartikel zum ewigen Frieden gefordert

> „Es soll sich kein Staat im Kriege mit einem anderen solche Feindseligkeiten erlauben, welche das wechselseitige Zutrauen im künftigen Frieden unmöglich machen müssen […]. Denn irgend ein Vertrauen auf die Denkungsart des Feindes muß mitten im Kriege noch übrig bleiben, weil sonst auch kein Friede abgeschlossen werden könnte, und die Feindseligkeit in einen Ausrottungskrieg ausschlagen würde."

Aber auch in manchen Fällen der unmittelbaren Bedrohung kann eine Sicherheitspolitik der Kooperation, wenn sie konsequent durchgeführt wird, wirksam und wünschenswert sein. So beschreibt der General Jacques Pâris de Bollardière (1972, S. 77ff.), wie er als junger General mitten im Algerienkrieg von 1956 bis 1958 eine systematische Politik der Kooperation zwischen allen Bevölkerungsgruppen in dem algerischen Teilgebiet durchführte, das unter seinem Kommando stand. Neben dem absoluten Verbot der Folter und der willkürlichen Gewaltanwendung, die sonst von der französischen Armee in Algerien eingesetzt wurden, bemühte er sich um Praktiken des Respekts der anderen und um das Gewinnen ihres Vertrauens. Bald konnte er auch den Aufbau von Infrastruktur und Handelsbeziehungen vorantreiben, die vom Krieg unterbrochen worden waren. Nach einigen Monaten waren die terroristischen Angriffe in diesem Gebiet erheblich zurückgegangen. 1958 wurde er abgesetzt, als er sich weigerte, die

Methoden des Generals Massu – unmittelbare Effizienz, Schutz von Menschenleben um jeden Preis, auch unter Einsatz von Folter – zu billigen und anzuwenden. Seine zweijährigen Anstrengungen wurden in nur wenigen Wochen zerstört und der Terrorismus kehrte wieder zurück.

Doch es liegt nahe, dass eine solche Sicherheitspolitik, auch wenn sie als wünschenswert erscheinen mag, nicht ohne Bedingungen möglich ist. Eine dieser Bedingungen, auf die ich mich im Folgenden konzentrieren möchte, ist der bereits angesprochene Aufbau des Vertrauens. Denn Kooperation ist als solche nur als gegenseitiges Einbeziehen und Einsetzen des freien Handelns der jeweils anderen, der weder beherrscht noch systematisch überwacht wird, möglich. Und Vertrauen kann als eine privilegierte Form des Umgangs mit ebendieser Freiheit der anderen, das heißt mit ihrem freiwilligen Handeln und Verhalten angesehen werden.

3 Vertrauen[1]

Auch wenn immer wieder in politischen und vor allem in wirtschaftlichen Diskursen von den Vorteilen eines gegenseitigen Vertrauens die Rede ist, ist Vertrauen grundsätzlich eine asymmetrische Beziehung. Denn das jeweils eigene Vertrauen, das wir im anderen haben oder das wir ihm schenken, hängt nicht vom Vertrauen des anderen in mir ab. Und das Wagnis des Vertrauens wird nicht dadurch geringer, dass der andere dasselbe Wagnis auch eingeht. Gegenseitiges Vertrauen bildet also keine Symmetrie der Beziehung, sondern eine doppelte Asymmetrie. Auf der Seite derjenigen, denen Vertrauen geschenkt wird, eröffnet dieses Vertrauen

---

1 Zur Unmöglichkeit einer restlosen Begründung des Vertrauens vgl. auch Delhom (2018).

einen Spielraum des Handelns, innerhalb dessen nicht jede Geste geprüft, jede Entscheidung kontrolliert oder sogar vorgegeben wird. Vertrauen setzt also jemanden in die Verantwortung für eine bestimmte Aufgabe ein und ermöglicht ihm oder ihr die freie Ausübung dieser Verantwortung. Auf der Seite des Vertrauenden besteht wiederum das Vertrauen darin, dass es die Komplexität des eigenen Handelns in Anbetracht des freien Handelns der anderen reflektiert und reduziert (vgl. Luhmann 2000): Es erlaubt uns, Entscheidungen zu treffen und entsprechend zu handeln, ohne uns in Bezug auf alle möglichen Handlungen der anderen abgesichert zu haben.

Für die Vertrauenden bezieht sich das Vertrauen erstens auf die Fähigkeit anderer, bestimmte Handlungen durchzuführen oder bestimmte Aufgaben zu übernehmen. In diesem Sinne trauen wir ihnen zu, dass sie die Aufgaben, die wir ihnen anvertrauen, auch erfüllen *können*. Sonst würde unser Vertrauen sie überfordern und es wäre zum Scheitern verurteilt. Aber das Vertrauen bedeutet mehr als dieses Zutrauen in Bezug auf eine bestimmte Fähigkeit. Wir trauen nämlich durchaus manchen Leuten zu, dass sie uns anlügen oder betrügen. Wir würden ihnen aber natürlich nicht vertrauen. Im Vertrauen erwarten wir darüber hinaus, dass sie *in unserem Sinne* handeln, obwohl wir nicht von vornherein alles festgelegt haben, was sie tun sollen, und wir nicht alle Elemente ihres Handelns kontrollieren (können). Das Vertrauen öffnet dem anderen einen Spielraum des Handelns, von dem wir nun annehmen, dass er in unserem Sinne benutzt wird.

Dieser Spielraum ist meistens nicht beliebig offen. Es stimmt zwar, dass wir bestimmten Menschen – manchen Mitgliedern unserer Familie oder Freunden – uneingeschränkt vertrauen. Meistens vertrauen wir aber Menschen nicht uneingeschränkt, sondern in Bezug auf bestimmte Aufgaben, die wir ihnen anvertrauen. Allerdings bedeutet diese Einschränkung in Bezug auf das Objekt des

Vertrauens nicht, dass das Vertrauen selbst geringer sein soll. Denn die Aufgaben, um die es geht, sind nicht selten solche, die uns in unserem Leben am wichtigsten zu sein scheinen: Wir vertrauen Lehrer und Lehrerinnen die Erziehung unserer Kinder an, Ärzte und Ärztinnen unsere Gesundheit und sogar unser Leben, Politiker und Politikerinnen die Organisation unseres gemeinsamen Lebens usw. Eine dieser Aufgaben besteht eben auch darin, dass andere Menschen mit uns für unsere Sicherheit sorgen. Und die Menschen, denen wir diese Aufgabe anvertrauen, sind nicht nur Freunde und Verwandte.

Auf einer Mikroebene können diese Menschen Nachbarn sein, von denen wir uns nicht abschirmen, sondern mit denen wir – auch im Fall von Konflikten und als Ansatz zu deren Lösung – gute Nachbarschaftsbeziehungen zu pflegen versuchen. Aufgrund dieser Beziehungen tendieren wir dazu, ihre Präsenz nicht als eine Bedrohung zu empfinden, sondern im Gegenteil mit der Erwartung zu verbinden, dass sie für uns da sein werden, wenn wir sie brauchen. Dies trägt nicht nur objektiv zur Sicherheit einer Nachbarschaft bei, sondern es verleiht den Beteiligten ein Gefühl der Sicherheit, das keine Überwachungskamera und kein dreifaches Schloss zu verleihen vermag. Denn diese verweisen immer auf die Gefahren, vor denen sie schützen, wohingegen jene auf die Ressourcen verweisen, mit denen wir im Fall eines Problems rechnen können. Die wahrnehmbaren Lebenszeichen der Nachbarn werden dann allgemein und in Bezug auf unsere Sicherheit als beruhigend empfunden, auch wenn sie manchmal störend sein mögen.

Aber auch auf anderen Ebenen des Handelns und des Zusammenlebens, bis hin zur Makroebene der internationalen Politik, können wichtige Aufgaben der Sicherheit im Sinne einer Kooperation aufgefasst und angegangen werden. Ein solcher Ansatz bedeutet, dass die involvierten Parteien nicht primär die *eigene* Sicherheit durch Abschirmung, Überwachung und Abschreckung (auch im

Rahmen von Bündnissen) zu garantieren versuchen, sondern die Aufgaben einer *gemeinsamen* Sicherheit[2] gerade denjenigen mit anvertrauen, vor denen sie sich ansonsten fürchten würden und zu Recht fürchten müssten. Dies erfolgte zum Beispiel während des Kalten Krieges durch die erste Konferenz zur Sicherheit und Zusammenarbeit in Europa (KSZE, 1973–1975) und ihre wiederholten Folgekonferenzen, in denen nicht nur wichtige Entscheidungen über Abrüstung, Anerkennung der Souveränität der beteiligten Staaten, Verzicht auf Gewaltanwendung oder gegenseitige (Einladungen zur) Beobachtung von militärischen Aktivitäten getroffen wurden, sondern diese ausdrücklich als Vertrauens- und Sicherheitsbildende Maßnahmen (so der Titel der Stockholmer Konferenz von 1984–1986) verstanden wurden, die, zusammen mit Programmen der wirtschaftlichen und humanitären Zusammenarbeit maßgeblich zum Ende des Ost-West-Konflikts beigetragen haben (vgl. Czempiel 2012; Senghaas 1992).

Das Vertrauen, das im Rahmen solcher Sicherheitskooperationen benötigt und gebildet wird, ist nicht die Grundhaltung des Vertrauens, das wir in bestimmten Personen – etwa in Vertrauenspersonen seit der frühen Kindheit – *haben*. Es ist ein Vertrauen, das einerseits den anderen unter bestimmten Bedingungen *geschenkt* wird und das dadurch zur Etablierung und Festigung einer verbindlichen Beziehung beiträgt, in der Kooperation gewagt werden kann; es ist andererseits ein Vertrauen, das bei anderen durch bestimmte Handlungs- und Verhaltensweisen *hervorgerufen* wird, so dass auch er oder sie die Kooperation als Handlungsform bevorzugt. Ich wende mich nun diesen zwei Seiten der Vertrauensbildung zu.

---

2   Zum Konzept der gemeinsamen Sicherheit vgl. auch den Beitrag von Ines-Jacqueline Werkner in diesem Band.

4   Vertrauen schenken

Das Schenken von Vertrauen birgt immer die Gefahr, dass es enttäuscht wird, dass die Schenkenden, die sich durch ihr Vertrauen
verletzbar machen, eben dadurch verletzt werden und dass somit
auch die Bedingungen ihres zukünftigen Vertrauens geschwächt
werden. Vertrauen ist immer ein Wagnis, und zwar auch deswegen, weil es nie endgültig begründet werden kann.[3] Deshalb ist es
wichtig, einerseits Bedingungen zu berücksichtigen, unter denen
Vertrauen geschenkt werden kann, andererseits gute Gründe des
Misstrauens auch ernst zu nehmen. Das „gesunde" Misstrauen ist
hier nicht das Gegenteil des Vertrauens, sondern seine notwendige
Ergänzung. Es verbietet nicht das Vertrauen, sondern stärkt es
umgekehrt mit der Forderung, so viel wie nötig zu misstrauen,
um so weit wie möglich vertrauen zu können. Wer blind vertraut,
gefährdet nicht nur sich selbst, sondern auch die Möglichkeit des
Vertrauens.

  Unter den Bedingungen des Vertrauens, die also berücksichtigt und gegebenenfalls gebildet werden müssen, zählt erstens die
Annahme der Vertrauenswürdigkeit des jeweils anderen. Diese
Annahme entsteht aus sehr unterschiedlichen Quellen: aus der
Erfahrung vergangener Handlungen, aus dem Ruf einer Person,
aus ihrem Aussehen (wir tendieren nämlich statistisch dazu,
unseresgleichen mehr zu vertrauen als Fremden!), aber auch aus
ihrer ausdrücklichen Selbstverpflichtung, ihrer vergangenen oder
aktuellen Übernahme von Verantwortung oder einfach aus einer
günstigen Situation (vgl. Sztompka 1999; Delhom 2014). Auch die
Vertrautheit eines begrenzten sozialen Zusammenhangs („Wir

---

3 Wenn Vertrauen völlig begründet wäre, würde es sich selbst als Vertrauen
   aufheben. Wir bräuchten kein Vertrauen mehr. Was allerdings begründet
   werden muss und kann, ist das Misstrauen.

werden uns sicher wiedersehen.") kann Vertrauensbeziehungen begünstigen.

Eine zweite Absicherung des geschenkten Vertrauens liegt in einer eigentümlichen Normativität, die dem Vertrauen selbst innewohnt. Indem wir es schenken, machen wir uns nämlich vom anderen abhängig und durch ihn verwundbar, rufen aber gerade dadurch bei ihm die Verantwortung hervor, dass er unser Vertrauen nicht enttäuscht (vgl. Luhmann 2000, S. 55). In diesem Sinne kann behauptet werden, dass zumindest zu einem bestimmten Grad Vertrauen verpflichtet. Allerdings gilt dies nur in Gesellschaften, in denen das Ausnutzen des Vertrauens selbst verpönt und nicht als eine verdiente Bestrafung von Dummheit angesehen wird.

Deswegen zählt als eine dritte Bedingung des Vertrauens das, was eine „Kultur" (Sztompka 1999), ein „Klima" (Baier 1994) oder ein „Ethos" (Röttgers 2004) des Vertrauens genannt werden kann. Es handelt sich um einen sozialen Habitus des Vertrauens, der eine günstige und begünstigende Grundlage des geschenkten Vertrauens bildet. In einer Gesellschaft, in der Vertrauen breit praktiziert und einen hohen Stellenwert hat, ist die verbindliche Kraft des geschenkten Vertrauens höher und entsprechend die Gefahr, betrogen zu werden, geringer als in einer solchen, in der das Vertrauen für dumm und der Vertrauende für blauäugig gehalten werden (vgl. Fukuyama 1995, der zwischen „high-trust" and „low-trust societies" unterscheidet). Umgekehrt tragen wiederum Erfahrungen des enttäuschten Vertrauens zur Zerstörung des Vertrauensklimas bei, wohingegen Erfahrungen des wiederholt eingesetzten und nicht enttäuschten Vertrauens zur Steigerung sowohl der Vertrauenswürdigkeit des anderen als auch des allgemeinen Vertrauensklimas beitragen. Zwischen dem Schenken des Vertrauens und dem ihm begünstigenden Klima besteht also ein Verhältnis der gegenseitigen Bestimmung.

Letztlich kann viertens das Schenken des Vertrauens durch die Einbeziehung eines Dritten begünstigt und stabilisiert werden.[4] Dieser oder diese Dritte kann sehr unterschiedlich auftreten: Sie kann etwa Zeugin eines Versprechens oder eines Vertrags sein, die Rolle der Vermittlerin bei einer Einigung spielen oder eine Bürgschaft bei einer finanziellen Verpflichtung übernehmen. Sie kann als einzelne Person, als Gruppe oder als Vertreterin einer Institution eintreten. Doch ihre Wirksamkeit besteht immer darin, dass sie der Zweierbeziehung der Vertrauenden und der Empfängerin des Vertrauens eine externe Perspektive hinzufügt, die diese strukturell (durch die Perspektivenverschiebung) und zeitlich (durch die Entstehung eines externen Gedächtnisträgers) stabilisiert. Beide Beteiligten werden sich auch in Zukunft auf diese Instanz berufen können. Zu beachten ist allerdings hierbei, dass diese Einbeziehung eines Dritten das Vertrauen nicht aufhebt, sondern verschiebt und ergänzt: Sie ermöglicht die Entwicklung einer Beziehung des Vertrauens, weil beide Seiten dem Dritten, etwa der Zeugin, vertrauen, die das Versprechen bezeugen kann. Wäre die Beziehung zum Dritten eine solche der Unterwerfung oder der Gewalt, würde dies auch das Vertrauen zum anderen zerstören beziehungsweise überflüssig werden lassen.

Diese Bedingungen des Vertrauens bilden – bereits einzeln, aber noch mehr durch ihre Zusammenwirkung – eine günstige Grundlage für ein Schenken des Vertrauens, das Sicherheit gewährt und nicht umgekehrt die Gefahr der eigenen Verletzung erhöht. Sie sind allerdings keine Garantie der Verlässlichkeit des anderen. Sie heben also nicht die grundsätzliche Asymmetrie des Vertrauensverhältnisses auf, das auch unter günstigen Bedingungen ein Wagnis bleibt. Deswegen ist es im Rahmen einer kooperativen

---

4   Über die vielfache Rolle des Dritten in sozialen Beziehungen vgl. Bedorf (2003).

Sicherheitspolitik wichtig, dass die Beteiligten nicht nur unter Wahrung eines gesunden Misstrauens auf das Wagnis des Vertrauens eingehen, sondern dass sie selber überzeugende Zeichen der eigenen Vertrauenswürdigkeit senden.

5   Vertrauen hervorrufen

Besonders in Zeiten von Konflikten und Misstrauen können die Aufforderungen der einen Seite, die andere solle ihr vertrauen, eher eine abschreckende Wirkung haben. Der Ruf „vertraue mir" wird geradezu als eine Bitte aufgefasst, sich wehrlos betrügen zu lassen. Auch Versprechen, die sich verbindlich geben, können allzu leicht als leere Worte verstanden werden, die nur diejenigen binden, die sie glauben.

In seiner Analyse des Endes des Kalten Krieges betont entsprechend Andrew H. Kydd (2007, S. 214ff.) die Wichtigkeit von „kostspieligen Zeichen", durch die eine der Parteien die Verlässlichkeit ihrer Haltung gegenüber der anderen glaubwürdig zu bezeugen hat. Je geringer das Vertrauen des anderen ist, desto kostspieliger müssen die Signale sein, um zu überzeugen; je schwächer auch die Partei ist, die das Signal sendet, gegenüber der anderen Partei, gilt genau das Gleiche.

Am Ende des Kalten Krieges war nun das Vertrauen des Westens und besonders der Vereinigten Staaten in die Sowjetunion sehr gering und – vor allem aus ökonomischen Gründen – die Position der letzteren eher eine der Schwäche. In den Augen sowohl der US-amerikanischen Regierung als auch der Bevölkerung des Landes und Europas sprach also wenig dafür, die Signale des neuen Generalsekretärs des Zentralkomitees der Kommunistischen Partei der Sowjetunion Michail Gorbatschows in Richtung einer Entspannung, einer Liberalisierung des Landes und einer Abrüstung als glaubwürdig einzuschätzen. Es bedurfte vieler, zum Teil sehr kostspieliger Gesten seitens der UdSSR, um den Westen, der von einer ungebrochenen Expansionsstrategie ausging, zu beruhigen. Das 1985 beschlossene Moratorium über Atomtests und der Verzicht auf die Stationierung von SS-20 Mittelstreckenraketen schlugen in dieser Hinsicht fehl, weil sie als eine Geste angesehen wurden, die den Sowjets nicht wirklich wehtat (Kydd 2007, S. 225). Auch die Ergebnisse eines Treffens zwischen Ronald Reagan und Michail Gorbatschow im selben Jahr in Genf über eine Reduktion der strategischen Atomwaffen hatten nicht die erwünschte Wirkung. Erst die Annahme durch Gorbatschow, im Frühjahr 1987, eines bedingungslosen Rückzugs aller Mittelstreckenraketen von Europa – für den er noch bei einem Treffen in Reykjavik 1986 Bedingungen gestellt hatte – und die Bereitschaft der Sowjetunion, viel mehr Raketen zu zerstören als die Vereinigten Staaten, brachte einen ersten Durchbruch in Sache Vertrauen. 1988 trugen vier Ereignisse zur Überzeugung des Westens von den tiefen Veränderungen in der Sowjetunion bei (vgl. Kydd 2007, S. 230ff.): Der Anfang des Rückzugs von Afghanistan, der Besuch Reagans in Moskau, der sich selber von den Veränderungen im Land überzeugen konnte, die neunzehnte Konferenz der Partei, in der Gorbatschow grundlegende politische, rechtliche und ökonomische Reformen ankündigte, und die Rede Gorbatschows vor der Generalversammlung der Vereinten Nationen, in der er einen substanziellen und unilateralen Truppenabbau in Osteuropa ankündigte.

Wichtig ist in dieser Entwicklung, dass den Ankündigungen von Gorbatschow auch Taten folgten, die für die andere Seite sichtbar und kontrollierbar waren, und dass diese Taten nicht mehr, wie am Anfang des Prozesses, als Teil einer Strategie der verdeckten sowjetischen Expansion gedeutet werden konnten. Kydd konstatierte, dass sich auch das persönliche Verhältnis zwischen Reagan und Gorbatschow in der Zeit gründlich änderte und ihr anfängliches tiefes Misstrauen allmählich dem Vertrauen wich. 1989, als George Bush Präsident der Vereinigten Staaten wurde, war der Prozess der Vertrauensbildung so weit vorangeschritten, dass sowohl in den westlichen Regierungen als auch in ihren Bevölkerungen das Vertrauen gegenüber dem Misstrauen bei weitem überwog. Ein „bedeutender Hinweis auf das neue Niveau des Vertrauens [war, dass] die Bush-Regierung auf ein Abkommen über Chemiewaffen ohne die gewöhnliche Betonung der Überprüfung drängte" (Kydd 2007, S. 234, Übers. d. Verf.). Umgekehrt fing auch die NATO an, Zeichen der Entspannung und der Beruhigung in die Richtung der Sowjetunion zu senden. Die Bedingungen einer grundsätzlichen Veränderung der Sicherheitspolitik zwischen den beiden Blöcken, die das Ende des Kalten Krieges einleiteten, waren realisiert.[5]

Der Hintergrund der Analyse von Kydd ist die Theorie der rationalen Wahl (*rational choice*), verbunden mit einer Version der Spieltheorie, die eine mögliche Wiederholung von Wahlentscheidungen einbezieht. Was er dabei entsprechend nicht berücksichtigt, wie Bernd Lahno in Bezug auf die Beschreibung des Vertrauens durch die Theorie der rationalen Wahl überzeugend argumentiert, ist die persönliche Einstellung des Vertrauenden gegenüber dem jeweils anderen, die nicht bloß rational ist, aber weitgehend die mit dem Vertrauen verbundenen Erwartungen mitbestimmt (vgl. Lahno 2002, Kap. 5: „Ist Vertrauen eine rationale Erwartung?").

---

5   Dass allerdings nach dem Zusammenbruch der Sowjetunion, der Auflösung des Warschauer Paktes und der Wiedervereinigung Deutschlands die westliche Sicherheitspolitik nicht, wie von Gorbatschow ausdrücklich gewünscht, in Richtung einer verstärkten KSZE als Institution einer kooperativen Sicherheit in Europa entwickelt wurde, sondern weiterhin die NATO als ein Verteidigungsbündnis und – trotz manchen Veränderungen im Sinne der Kooperation – strukturell eine Institution des Kalten Krieges bestimmend blieb, zeigt allerdings auch, welche Gefahren mit der relativen Einseitigkeit von vertrauensbildenden Maßnahmen verbunden sind.

Kydd berücksichtigt auch nicht explizit das tragende Klima des Vertrauens, das dessen Schenken maßgeblich beeinflusst. Und er berücksichtigt nicht die Institutionen, die bei der Vertrauensbildung eine wichtige Rolle spielen können: Die KSZE etwa oder die deutsche Ostpolitik seit Willy Brandt werden bei ihm mit keinem Wort erwähnt.

Aber solche wünschenswerte Ergänzungen oder Korrekturen seiner Analyse ändern nichts an seiner Grundthese, dass gerade in Situationen des (Kalten) Krieges und des tiefen Misstrauens das Vertrauen des anderen nicht vorausgesetzt werden kann, sondern mit wiederholten kostspieligen Zeichen gewonnen werden muss, und dass diese kostspieligen Zeichen, genauso wie das Vertrauen, das sie ermöglichen, Wagnisse sind. Denn sie bestehen in einer gewagten Vorleistung, die zuerst unabhängig von der Gegenleistung des anderen erfolgt, obwohl sie sich ihrer Wirkung nie sicher sein kann.

Dieses doppelseitige Wagnis des Vertrauens, das einerseits ohne Garantie des Erfolgs – wenn auch immer mit bestimmten Absicherungen – geschenkt wird, und um das andererseits mit gewagten Vorleistungen geworben wird, scheinen die Bedingungen dafür zu sein, dass eine Sicherheitspolitik durch Kooperation in Zeiten des Konfliktes entstehen, aber auch in Zeiten des Friedens bestehen und sich etablieren kann.

6 Vertrauen und Sicherheit?

Allerdings ist das Vertrauen allein und von sich aus noch keine Garantie einer sich für alle Beteiligten positiv auswirkenden Sicherheitspolitik. Bereits Georg Simmel (1992, S. 424) erwähnte etwa, dass Vertrauen auch ein besonderes Kennzeichen von Geheimgesellschaften sei, unter denen er ausdrücklich Verbrechergesellschaften zählte. Verschwörer und Betrüger müssen sich nämlich vertrauen können, um ihr Geschäft mit einer gewissen Sicherheit durchführen zu können. Aber diese innere Sicherheit einer Zweckgemeinschaft ist für alle anderen eher ein Grund der Unsicherheit.

Die hier vertretene Position besteht also nicht darin zu behaupten, dass Vertrauen als solches zu einer auf Kooperation setzenden Sicherheitspolitik führt. Sie behauptet allerdings, dass eine solche Sicherheitspolitik erstens ohne Vertrauen nicht möglich ist, dass sie aber zweitens die Bedingungen dieses Vertrauens – als eine für sie trotz allem Wagnis annehmbare Basis – nicht einfach vorfindet, sondern weitgehend bilden muss. Im Sinne der Kooperation gehen also sicherheits- und vertrauensbildende Maßnahmen Hand in Hand. Zusammenfassend möchte ich vier dieser Grundbedingungen des Vertrauens besonders betonen:

- Die erste besteht in der Abwägung zwischen einem möglichen Vertrauen und einem nötigen (gesunden) Misstrauen in jeder gegebenen Situation, so dass Vertrauen sich nicht selber gefährdet.
- Die zweite ist die *Stärkung des Vertrauens* einerseits durch wiederholte Akte des Schenkens unter Bedingungen, unter denen sie nicht zum Scheitern führen, andererseits durch glaubhafte Zeichen der eigenen Vertrauenswürdigkeit, das heißt sowohl durch die Erfüllung der Aufgaben, die einem anvertraut werden, als auch durch kostspielige Signale einer zuverlässigen Kooperationsbereitschaft.
- Die dritte besteht wiederum in der *Stärkung der Verbindlichkeit* des Vertrauens durch die Einbeziehung von Dritten und die mit ihr einhergehende Erweiterung der Vertrauensbeziehungen.
- Und die vierte liegt in der Stärkung einer sozialen Disposition (Klima, Kultur, Ethos) zum Vertrauen, die sich auf die Möglichkeit einzelner Vertrauensbeziehungen auswirkt.

Ein Prozess der Vertrauensbildung, der in der Erfüllung dieser Bedingungen besteht, ist meistens ein langwieriger und, besonders im Rahmen von gewaltförmigen Konflikten, ein schwieriger Prozess, der viel Geduld und guten Willen erfordert. Er kann brutal, durch einen einzigen schwerwiegenden Vertrauensbruch (durch den Verrat eines Geheimnisses, den Bruch eines Versprechens oder einen Betrug) zerstört werden. Danach ist der Wiederaufbau des Vertrauens noch schwieriger und brüchiger als vorher. Er kann aber zu einer Form des Zusammenlebens führen, die zwar nicht konfliktfrei ist, in der aber die Konflikte miteinander und auf der Basis des gewonnenen und gepflegten Vertrauens gelöst werden können. Deswegen ist das Vertrauen ein kostbares Gut, mit dem sehr vorsichtig und behutsam umgegangen werden sollte. Deswegen auch ist eine Sicherheitspolitik im Sinne der Kooperation eine Politik des langen Atems und der vielen wiederholten Schritte. Sie ist eine Politik, die nie abgeschlossen ist, wie eine Aufgabe des Sisyphos. Dies mag der Preis dafür sein, dass sie mit mehr Freiheit und weniger Angst zu leben ermöglicht als eine Sicherheitspolitik, die gefahrenzentriert ist.

Literatur

Baier, Annette. 1994. *Moral Prejudices. Essays on Ethics.* Cambridge: Harvard University Press.

Bedorf, Thomas. 2003. *Dimensionen des Dritten. Sozialphilosophische Modelle zwischen Ethischem und Politischem.* München: Fink.

Bollardière, Jacques Pâris de. 1972. *Bataille d'Alger, bataille de l'homme,* Bar-le-Duc: Desclée de Brouwer.

Czempiel, Ernst-Otto. 2012. KSZE: Die Schlussakte von Helsinki und ihre Auswirkungen. http://universal_lexikon.deacademic.com/263049/

KSZE%3A_Die_Schlussakte_von_Helsinki_und_ihre_Auswirkungen. Zugegriffen: 5. August 2018.

Delhom, Pascal. 2014. Transparenz, Vertrauenswürdigkeit und die Europäische Vertrauenskrise. In *Vertrauen und Transparenz – Für ein neues Europa*, hrsg. von Alfred Hirsch, Petar Bojanic und Zeljko Radinkovic, 110–138. Belgrad: Institute for Philosophy and Social Theory, University of Belgrade.

Delhom, Pascal. 2015. Frieden mit Verantwortung und Vertrauen. Versuch über den Frieden als soziale Tugend. In *Friedensgesellschaften – Zwischen Verantwortung und Vertrauen*, hrsg. von Alfred Hirsch und Pascal Delhom, 227–262. Freiburg: Alber.

Delhom, Pascal. 2018. Die Rolle des Gewissens im politisch-ethischen Leitbild des gerechten Friedens. In *Gerechter Frieden als politisch-ethisches Leitbild*, hrsg. von Sarah Jäger und Jean-Daniel Strub, 107–128. Wiesbaden: Springer VS.

Fukuyama, Francis. 1995. *Trust. The Social Virtues and the Creation of Prosperity*. New York: Free Press Paperbacks, Simon & Schuster Inc.

Kant, Immanuel. 1968 [1795]. Zum ewigen Frieden. Ein philosophischer Entwurf. In *Werkausgabe Band XI: Schriften zur Anthropologie, Geschichtsphilosophie, Politik und Pädagogik 1*, hrsg. von Wilhelm Weischedel, 193–251. Frankfurt a. M.: Suhrkamp.

Kydd, Andrew H. 2007. *Trust and Mistrust in International Relations*. Princeton: Princeton University Press.

Lahno, Bernd. 2002. *Der Begriff des Vertrauens*. Paderborn: mentis.

Luhmann, Niklas. 2000. *Vertrauen. Ein Mechanismus der Reduktion sozialer Komplexität*. 4. Aufl. Stuttgart: Lucius & Lucius.

Montesquieu, Charles de Secondat, Baron de. 1951 [1748]. *Vom Geist der Gesetze. Bd. 1*. Tübingen: Laupp.

Röttgers, Kurt. 2004. Ethos und Routine. In *Kommunikationsmanagement*, hrsg. von Günter Bentele, Manfred Piwinger und Gregor Schönborn. Lose Blattsammlung. Neuwied: Luchterhand.

Senghaas, Dieter. 1992. *Friedensprojekt Europa*. Frankfurt a. M.: Suhrkamp.

Simmel, Georg. 1992. *Soziologie. Untersuchungen über die Formen der Vergesellschaftung*. Gesamtausgabe, Bd. 11. Frankfurt a. M.: Suhrkamp.

Sztompka, Piotr. 1999. *Trust. A Sociological Theory*. Cambridge: Cambridge University Press.

Gemeinsame Sicherheit – eine friedenslogisch orientierte Sicherheitsstrategie

Ines-Jacqueline Werkner

1 Einleitung

Alternative Friedens- und Sicherheitsstrategien haben es schwer,
müssen sie sich gegen herrschende Politikmuster durchsetzen
(vgl. Czempiel 1986, S. 56). Das trifft in besonderer Weise für die
gemeinsame Sicherheit zu. Die auf die Palme-Kommission 1982
zurückgehende Grundidee, die konfrontative Abschreckungspolitik
durch kooperative bündnisüberwölbende Regelungen zu ersetzen,
eröffnete im Kalten Krieg Potenziale für eine konstruktive Sicherheitspolitik. Diese ließe sich – und dafür plädiert unter anderem
das Berliner Memorandum (Werkner et al. 2017) – auch in der
heutigen, wieder zunehmend durch Konfrontationen geprägten
Zeit fruchtbar machen. So zeigen beispielsweise der bewaffnete
Konflikt in der Ukraine, die eskalierenden militärischen Spannungen zwischen Russland und dem Westen, die Entfremdung zur
Türkei oder auch die Schwierigkeiten der Befriedung des Krieges
in Syrien, wie angespannt das Verhältnis zwischen den USA, Europa und Russland ist. Zugleich war und ist dieses Konzept aber
auch grundsätzlicher Kritik ausgesetzt, wird seinen Vertretern in

© Springer Fachmedien Wiesbaden GmbH, ein Teil von Springer Nature 2019
I.-J. Werkner und M. Fischer (Hrsg.), *Europäische Friedensordnungen
und Sicherheitsarchitekturen*, Gerechter Frieden,
https://doi.org/10.1007/978-3-658-23920-6_6

Verkennung der aktuellen sicherheitspolitischen Situation Realitätsferne unterstellt.[1]

Neue Ansätze müssen, wollen sie als ernsthafte Alternativen gelten, zwei Klippen umgehen: Sie dürfen weder die widrigen Durchsetzungsbedingungen unterschätzen noch sich zu eng am politisch Machbaren orientieren und den Kern des Konflikts aus dem Blick verlieren (vgl. Mutz 1986, S. 83). Damit sind mit dem Friedensforscher Reinhard Mutz Fragen der Effizienz und Praktikabilität angesprochen. Hier schließt der Beitrag an. In einem ersten Schritt zeichnet er die Grundzüge und wesentlichen Strukturmerkmale der gemeinsamen Sicherheit nach. Dabei werden Ziele, Methoden und Mittel sowie Fragen der Übertragbarkeit des Konzeptes in die heutige Zeit in den Blick genommen und verhandelt. Im zweiten Schritt werden die Chancen und Hindernisse der Umsetzung des Konzeptes diskutiert. Dabei stehen zwei zentrale Herausforderungen – die Anforderungen der gemeinsamen Sicherheit als kommunikative Friedensstrategie sowie die Frage der Überwindung militärischer Potenziale angesichts aktueller Bedrohungen – im Fokus der Analyse.

2   Das Konzept gemeinsamer Sicherheit

Die Grundidee der gemeinsamen Sicherheit ist in der Zeit des Kalten Krieges unter den Bedingungen der Blockkonfrontation und nuklearen Abschreckung entstanden. Es war der damalige Bundeskanzler Helmut Schmidt, der bereits Ende der 1970er Jahre – zu Zeiten der Verschlechterung der Beziehungen zwischen den USA und der UdSSR – erstmalig im Kontext der Beziehungen

---

[1]   So erst jüngst Manfred Sapper, Rebecca Harms und Andreas Heinemann-Grüder beim Studientag „Neue Entspannungspolitik?" vom 2.-4. Februar 2018 in der Evangelischen Akademie Loccum.

zwischen Ost und West von einer Sicherheitspartnerschaft sprach (vgl. Lutz 1986a, S. 29ff.). Die bereits erwähnte Palme-Kommission prägte dann in ihrem Bericht 1982 den Begriff der gemeinsamen Sicherheit (*Common Security*). Es folgten systemübergreifende parteipolitische Gespräche (1984-1986), die 1987 in die SPD-SED-Vereinbarungen über den „Streit der Ideologien und die gemeinsame Sicherheit" mündeten, sowie gemeinsame Debatten von Wissenschaftlerinnen und Wissenschaftlern des Hamburger Instituts für Friedensforschung und Sicherheitspolitik (IFSH) und des Ostberliner Instituts für Politik und Wirtschaft (IPW) (1985-1987), deren Ergebnisse im Bericht „Gemeinsame Sicherheit und Friedliche Koexistenz" veröffentlicht wurden (IFSH 1988). Neben den involvierten Friedensforschern des IFSH (namentlich Egon Bahr, Dieter S. Lutz, Erwin Müller, Reinhard Mutz, Christiane Rix, Herbert Wulf und Peter Wilke) gehörten zu jener Zeit auch bundesdeutsche Wissenschaftler wie Carl Friedrich von Weizsäcker, Klaus von Schubert und Volker Rittberger zu den Protagonisten der gemeinsamen Sicherheit.[2]

Auch wenn dieses Konzept in Zeiten des Ost-West-Konfliktes entstanden ist, sind zentrale Konstellationen, die zur Einsicht in die Notwendigkeit gemeinsamer Sicherheit geführt haben, unverändert erkennbar. In gewisser Weise scheint sich die Sicherheitslage in und um Europa sogar noch verschärft zu haben: Nicht nur, dass Krieg in Europa wieder zu einem Mittel der Außenpolitik geworden ist und Streitkräfte nicht mehr nur vorgehalten, sondern mittlerweile eingesetzt werden, sind auch die atomare Gefahr und das Denken in Kategorien nuklearer Eskalationsdominanz nach wie vor nicht gebannt. Angesichts neuer Kriege und des Emporkommens nichtstaatlicher Akteure gewinnt die Proliferation noch einmal

---

2   Zu den Kritiken und Reaktionen in der Bundesrepublik und in der DDR vgl. Lutz (1986c).

eine ganz neue Dimension. Hinzu kommen neue technologische Herausforderungen: von automatisierten und autonomen Waffensystemen bis hin zum Cyberwar (vgl. hierzu auch Scheler 2012, S. 81 f.). So spricht auch der Politikwissenschaftler Peter Rudolf in seiner jüngsten Studie von einer „Wiederbelebung geopolitischen Denkens" – bei dem sich die USA einerseits und Russland sowie China andererseits gegenseitig bezichtigen, eine revisionistische Politik zu betreiben – und von einer „Renaissance nuklearer Abschreckung", die in den USA nicht nur zum Kerntopos des sicherheitspolitischen Diskurses geworden sei, sondern sich auch in der *Nuclear Posture Review* vom Februar 2018 widerspiegele (Rudolf 2018, S. 11, 16). Dabei könne das Hegemoniestreben – so Rudolf (2018, S. 5) – die Gefahr bergen, „das Sicherheitsdilemma zwischen den USA und Russland sowie den USA und China zu verschärfen und so zu einer Konfliktspirale und zur Verfestigung von Konfliktformationen beizutragen". Dabei zeichne sich die gegenwärtige Sicherheitslage durch folgende Konstellation aus:

> „Wenn man davon ausgeht, dass (a) in einer Zeit verschlechterter politischer Beziehungen mit dem Risiko einer Krise zu rechnen ist, (b) Anreize zur präemptiven Eskalation mit ‚nicht-kinetischen' Systemen (Cyberwaffen) und Angriffen gegen Satelliten bestehen und (c) dies Befürchtungen eines nuklear geführten Krieges mit sich bringt, dann ist die Frage der strategischen Stabilität eine ausgesprochen virulente." (Rudolf 2018, S. 20)

Ein zentraler Unterschied zu Zeiten des Kalten Krieges scheint vor allem in der Verkennung dieser Dramatik zu liegen. Eine zweite Differenz – und auch diese deutet sich bei Rudolf an – zeigt sich in der größeren Anzahl der beteiligten Akteure und geopolitisch gesprochen in der Zunahme von Rivalitäten um Macht und Einflusssphären infolge des Übergangs von einem bi- zu einem multipolaren System.

Konzeptionell lassen sich die Diskussionen um die gemeinsame Sicherheit in gegenwärtige Debatten um eine Friedens- versus Sicherheitslogik und die Frage nach dem Grundverständnis von Sicherheitspolitik einordnen. Idealtypisch werden zwei diametrale Ansätze voneinander unterschieden: Ein erster Ansatz betont – und hierbei handelt es sich um das traditionelle Verständnis von Sicherheitspolitik – die existierenden und potenziellen Bedrohungen, die der Staat von seiner Bevölkerung abzuwehren hat. Diese Auffassung ist stark gefahrenzentriert. Daraus resultiert dann auch das Sicherheitsdilemma des gleichzeitigen Drohens und Bedrohtseins. Demgegenüber besteht eine zweite Sicht darin, Sicherheitspolitik nicht konfrontativ, sondern als gemeinsame Aufgabe zu begreifen, das heißt Bedingungen zu schaffen, unter denen der Andere nicht mehr als Gefahr wahrgenommen wird. Bei diesem Ansatz stehen Kooperation und Zusammenarbeit im Fokus der Handlungsorientierung (vgl. hierzu auch den Beitrag von Pascal Delhom in diesem Band). Dahinter steht die Einsicht, dass Sicherheit „nur sehr bedingt ein Gut [ist], dessen sich Gesellschaften durch Ausschöpfung eigener Ressourcen im geschlossenen Handlungsrahmen des Staates zu bemächtigen vermögen" (Mutz 1986, S. 126).

Mit dem Begriff der gemeinsamen Sicherheit ist der Lösungsansatz bereits angezeigt: Die eigene Sicherheit muss „stets auch die Sicherheit des Nachbarn und des Gegenübers berücksichtigen" (Lutz 1986b, S. 46). Sicherheit ist nicht mehr *voreinander*, sondern nur noch *miteinander* zu suchen (vgl. Schubert 1992, S. 161). Auf diese Weise geht gemeinsame Sicherheit über die traditionelle Sicherheitslogik hinaus und lässt Momente einer Friedenslogik wirksam werden. Denn Frieden als soziales Phänomen kann nicht durch einen einzelnen – auch kollektiven – Akteur, sondern immer nur gemeinsam verwirklicht werden (vgl. den Beitrag von Sabine Jaberg in diesem Band).

Gemeinsame Sicherheit beruht auf der Akzeptanz wechselseitiger ökonomischer und politischer Abhängigkeiten und auf der gemeinsamen und unteilbaren Verantwortung für den Frieden. Dabei werden – im Gegensatz zu Ansätzen des liberalen Friedens (wie der Politik der EU-Integration) oder der kollektiven Verteidigung (wie der NATO), die auf gemeinsamen Wertefundamenten beruhen – gesellschaftspolitische Differenzen anerkannt. Das vorrangige Ziel sind koexistenzielle Beziehungen, bei denen ein Wertekonsens nicht erreicht,[3] ein globaler Interessenabgleich aber möglich wird: „Gemeinsame Sicherheit leugnet nicht den Gegensatz der Sicherheitskontrahenten, sie baut aber auf ihr vernunftorientiertes Miteinander am und im Interesse der Kriegsverhütung" (Lutz 1986b, S. 79).

Gemeinsame Sicherheit setzt auf eine konsequente Ablösung der Abschreckungspolitik, nicht nur auf ihre Ergänzung, wie sie noch auf der Basis des Harmel-Berichts der NATO von Helmut Schmidt Ende der 1970er Jahre angedacht war (vgl. u. a. Lutz 1986a, S. 33). So widersprechen sich Abschreckung und gemeinsame Sicherheit grundlegend in Intention, Wirkung und Mitteln (vgl. Mutz 1986, S. 151):

Von ihrer *Intention* her fokussiert eine auf Abschreckung abzielende Politik (wie beispielsweise die kollektiver Verteidigungsbündnisse) auf die eigene Sicherheit, während gemeinsame Sicherheit die Sicherheitsinteressen und Bedrohungswahrnehmungen aller Beteiligten mit bedenkt und einbezieht. Das bedeutet zugleich, dass jede Seite der anderen „das gleiche Maß an Sicherheit zubil

---

3   In diesem Sinne könne es auch beim Thema Menschenrechte keiner
      Konfliktpartei verwehrt werden, „ihre Rechtsauffassung nach innen
      anzuwenden und nach außen zu vertreten. Sie im Namen gegenseitiger
      Sicherheit anderen aufzudrängen, ist hingegen unlogisch, unzulässig und
      sicherheitsschädlich zudem" (Mutz 1986, S. 137). Das heißt allerdings nicht,
      auf argumentative Debatten zu verzichten (vgl. Werbik 1987, S. 230).

lig[t], das sie für sich selbst in Anspruch nimmt" (Scheler 2012, S. 84). Das schließt auch autokratische Staaten wie beispielsweise Russland mit ein, ist ihre Mitwirkung bei der Bearbeitung von Konflikten und der Lösung globaler Probleme unerlässlich. Diese Strategie der Einbeziehung des Anderen wird also nicht aus einem Altruismus heraus verfolgt, sondern in Wahrnehmung eigener vitaler Sicherheitsinteressen.

Zur *Wirkung*: Grundbedingung dieses Interessenabgleichs und Basis einer solchen Zusammenarbeit ist der Gewaltverzicht. Im Gegensatz zu einer Politik der Abschreckung, die auf das militärische Instrument setzt, versucht gemeinsame Sicherheit, diese Logik zu durchbrechen und die Rüstungsspirale zu beenden. An die Stelle militärischen Denkens tritt die „Repolitisierung der Sicherheitspolitik" (Pott 1988, S. 5). Das bedeutet, auch unabhängig des militärischen Potenzials auf diese Mittel als Instrumente konfrontativer Politik zu verzichten.

Gemeinsame Sicherheit setzt auf ein gemeinsames Vorgehen mit *Mitteln* der Kommunikation und Kooperation sowie gegenseitiger Vereinbarungen und vertrauensbildender Maßnahmen. Im Gegensatz zur Abschreckung verlangt gemeinsame Sicherheit zieladäquate Mittel. Aus dieser Perspektive erweist sich der politische Dialog als der wichtigste Schritt zu einem gewaltfreien System. Erst wenn es gelingt, Konfrontation durch Dialog zu ersetzen, kann Vertrauen gebildet sowie Frieden geschaffen und konsolidiert werden (vgl. Mutz 1986, S. 109ff.). Dabei ist Dialog dort am drängendsten, wo er unmöglich erscheint (vgl. Reißig 2008, S. 34). Er setzt voraus, den Akteuren – auch den „normativ Anderen" – ihre Lern-, Reform- und Friedensfähigkeit nicht grundlegend abzusprechen (vgl. IFSH 1988, S. 9).

3 Chancen und Hindernisse der Umsetzung des Konzeptes

3.1 Herausforderungen einer kommunikativen Friedensstrategie

Gemeinsame Sicherheit versteht sich als eine kommunikative Friedensstrategie. Als solche ist sie darauf ausgerichtet,

> „anachronistisch gewordene Formen der Konfliktbewältigung wie Konflikttabuisierung, politische Abgrenzung und militärische Drohung durch andere Formen der Konfliktbearbeitung abzulösen, in denen die Kontrahenten sich bemühen, über die Konfliktinhalte und ihre bedrohlichen Aspekte miteinander ins Gespräch zu kommen und gemeinsame, für alle Staaten tragbare Auflösungen zu finden" (Birckenbach 1989, S. 4).

Das erfordert ein breites Spektrum an psychologischen Fähigkeiten: Zuvorderst gehört dazu Vertrauen. Unter konfrontativen Konstellationen ist Vertrauensbildung nicht einfach, muss diese unter Bedingungen doppelter Kontingenz hergestellt werden. Da sowohl die Äußerungen und Reaktionen des einen als auch des anderen Akteurs anders ausfallen können als der jeweils andere erwartet, bleibt Vertrauen „eine zunächst einseitige und darum ‚riskante' Vorleistung'" (Stegmaier 2008, S. 415). Zur Vertrauensbildung gibt es keine Alternative: „Gemeinsame Sicherheit baut auf kooperative und wechselseitige Handlungs- und Verhaltensformen". Das kann auch „einseitige Maßnahmen im Sinne von Selbstbeschränkung und Destabilisierungsverzicht bis hin zu unilateralen (autonomen) Vorleistungen" mit einschließen (Lutz 1986b, S. 79). Denn – so Pascal Delhom in seinem Beitrag in diesem Band – „das Wagnis des Vertrauens wird nicht dadurch geringer, dass der andere dasselbe Wagnis auch eingeht".

Neben Vertrauen basiert gemeinsame Sicherheit auf Respekt und Achtung. Das erfordert die Überwindung eines Denkens in Freund-Feind-Schemata und die Fähigkeit, ohne die „Projektion des Bösen" (Nedelmann et al. 1987, S. 211) auszukommen. Gerade jüngere friedenspolitische Forschungen zeigen auf, dass im Konfliktgeschehen auch subjektive Faktoren zum Tragen kommen und die Konfliktlösung wesentlich beeinflussen können – im positiven wie im negativen Sinne. Angesichts dieses Befundes gilt es, „das konstruktive Potenzial menschlicher Anerkennungsbedürfnisse" (Wolf 2017, S. 911) für eine europäische Friedenspolitik fruchtbar zu machen. Diesbezüglich schlägt Reinhard Wolf verschiedene Schritte vor. So gelte es,

- stärker die Identitäten und Sichtweisen der Anderen sowie damit verbundene Erwartungen zu berücksichtigen, um Missverständnisse zu vermeiden;
- dem Gegenüber intensiver zuzuhören und ihm Raum für seine Sichtweisen zu geben;
- nach Gesten zur Anerkennung fremder Statusansprüche zu suchen;
- nicht davor zurückzuschrecken, auch abweichende Bewertungen und Standards anzusprechen;
- Doppelstandards zu thematisieren, um Vorwürfe auszuräumen oder aber eigene Haltungen zu korrigieren, sowie
- bewusster auf *Public Diplomacy* zu setzen und die Sichtweisen der Bevölkerungen – gerade in autokratischen Staaten – mit einzubeziehen (vgl. Wolf 2017, S. 911).

Auch dieser Weg ist nicht einfach, denn mit der Anerkennung des Anderen sind auch Risiken verbunden: Die Respektbekundung könnte zu Missverständnissen über den Status von Akteuren führen, als Zustimmung ihrer (aggressiven) Politik gewertet werden und mögliche Transformationschancen verschütten; durch sie könnten sich andere Akteure zurückgesetzt fühlen; oder sie könnte von der eigenen Bevölkerung als unangemessen betrachtet und abgelehnt werden (vgl. Wolf 2017, S. 908f.).

So besteht die Herausforderung einerseits darin, die normative Differenz auszuhalten. Diese Spannung hat eine lange Tradition. Sie zieht sich sowohl durch die UN-Charta als auch durch den KSZE-Prozess (zwischen dem Prinzip VI der Nichteinmischung in innere Angelegenheiten und dem Prinzip VII der Achtung der Menschenrechte und Grundfreiheiten). Auch die *Responsibility to Protect* (R2P) basiert auf der Balance dieser beiden Prinzipien. Andererseits existieren aber auch Grenzen: nicht in der Achtung des Anderen, jedoch in der Anerkennung seiner Handlungen. Das macht einen wesentlichen Unterschied. Mit der internationalen Schutzverantwortung, der R2P, versucht die internationale Gemeinschaft, genau diese Grenzen aufzuzeigen. Sie zu konkretisieren, wird für die nächsten Jahre eine gemeinsame Aufgabe bleiben.

3.2   Die Überwindung militärischer Potenziale angesichts aktueller Bedrohungen

Was bedeutet die Denkfigur gemeinsamer Sicherheit hinsichtlich der militärischen Potenziale? Zentral ist die im Konzept verankerte Kritik an der „Überdehnung des militärischen Denkens" (Pott 1988, S. 5). Die Überwindung der militärischen Gewalt und der Politik der Abschreckung stellen ein wesentliches Strukturmerkmal des Konzeptes dar. Allerdings ist der Übergang zu einem gewaltfreien System nicht einfach, muss gerade das überwunden werden, „was durch militärische Potenziale konstituiert wurde" (Kursawe et al. 2015, S. 7).

Gemeinsame Sicherheit birgt – wie auch andere kooperative und kollektive Sicherheitssysteme – ein Paradoxon in sich: Das Konzept setzt „als Funktionsbedingung sein Funktionieren voraus" (Müller 1986, S. 170). Gewaltfreiheit ist zugleich Voraussetzung und Ergebnis gemeinsamer Sicherheit. Zu klären bleibt die sich daraus ergebene Problematik, wie gemeinsame Sicherheit angesichts bewaffneter Konflikte, insbesondere bei territorialem oder politischem Expansionsstreben von Akteuren, zur Anwendung kommen kann. Der Politikwissenschaftler Erwin Müller (1986, S. 170) schlägt zwei Auswege aus diesem Dilemma vor: Erstens könne ein Akteur, sofern er sich damit nicht selbst gefährdet, so handeln, „als bestünde bereits Einigkeit über den noch zu vereinbarenden beidseitigen Verhaltenskodex". Damit verbindet sich die Intention, auf diesem Wege – sozusagen im Vorgriff – den angestrebten Verhaltenskodex zu etablieren. Zweitens könnten die Beteiligten den Konflikt „einfrieren", bis eine einvernehmliche Lösung gefunden ist. Auch hinter diesem Ansatz steht der Gedanke, auf der Basis der Vorwegnahme des gewünschten Zustandes (durch eine einstweilige Vernachlässigung des konkreten Konfliktes) eine konstruktive Konfliktbearbeitung zu ermöglichen.

Gemeinsame Sicherheit kann allerdings nicht gelingen, wenn vitale und existenzielle Interessen von Beteiligten verletzt werden. Hier stößt das Konzept an seine Grenzen. Das Recht auf Sicherheit endet – so der Friedensforscher Reinhard Mutz (1986, S. 137) – dort, „wo es das Recht des Kontrahenten auf gleiche Sicherheit in Frage stellt". Gemeinsame Sicherheit ist – und das hat sie mit dem Friedensbegriff gemeinsam – als Prozess zu verstehen; sie ist sowohl Ziel als auch Verlaufsmuster (vgl. Pott 1988, S. 7). Und auch die Überwindung der Abschreckung kann nur das Ergebnis, nicht die Voraussetzung gemeinsamer Sicherheit sein (vgl. Mutz 1986, S. 152). Insofern verlangt das Konzept auch nicht realitätsfern einen grundsätzlichen Verzicht auf Streitkräfte und Rüstung.

Dennoch beziehungsweise gerade aus diesem Grunde kommt der Rüstungskontrolle und Abrüstung eine hohe Priorität zu, gilt es, durch Vertrauensbildung und Konfliktdeeskalation den Weg zu einer gemeinsamen Sicherheit zu ebnen. Diese Beispiele zeigen die potenzielle Leistungsfähigkeit dieses Konzeptes auf. Der prozessurale Zugang macht gemeinsame Sicherheit zu einem konkreten friedenspolitischen Konzept und reduziert es nicht lediglich zu einer Norm, an der sich Friedenspolitik zwar reflektieren, aber nicht analytisch nutzen lässt.

4   Ausblick

Die gemeinsame Sicherheit ist – das haben die obigen Ausführungen aufzeigen können – ein sehr voraussetzungsreiches Konzept. Angesichts des Wandels von einem bi- zu einem multipolaren System hat sich seine Komplexität noch einmal gesteigert. Dabei weist die gemeinsame Sicherheit, vor dem Hintergrund des Ost-West-Konflikts entstanden, deutlich über diese Konstellation hinaus und lässt sich – und darauf verwiesen Friedensforscher bereits in den 1980er Jahren – auch auf andere Konfliktkonstellationen anwenden:

> „Räumlich und zeitlich ist die Reichweite des Konzepts Gemeinsamer Sicherheit prinzipiell unbegrenzt. Es gibt kein systematisches Argument, das ausschließt, daß nach demselben Handlungsmodell, das die Sicherheit zwischen den USA und der UdSSR, zwischen West- und Osteuropa auf ein solides Fundament stellt, auch die Sicherheitsbeziehungen zwischen den Konfliktparteien im Nahen Osten, in Südostasien oder in Mittelamerika dauerhaft stabilisiert werden können" (Mutz 1986, S. 145).

Zudem wird man, wenn Sicherheitspolitik im Sinne einer Friedenslogik gestaltet sein soll, auf die Grundidee der gemeinsamen Sicherheit nicht verzichten können. Dabei erweist sich das Konzept auch offen für Weiterentwicklungen in Richtung kooperativer oder kollektiver Sicherheitsordnungen.[4]

Die wesentliche Schwäche des Konzeptes – oder zumindest Hindernis hinsichtlich seiner Durchsetzung – liegt darin, dass es sich unilateral weder durchsetzen noch erzwingen lässt. Es bedarf der aktiven Mitwirkung aller Beteiligten; daran bemisst sich Erfolg und Misserfolg. Auch ist die Umsetzung gemeinsamer Sicherheit nicht nur eine Aufgabe politischer Eliten, sondern erfordert zugleich gesellschaftliche Anstrengungen:

> „Erst wenn die Denkfigur der gemeinsamen Sicherheit Gemeingut und der Bewußtseinswandel weniger zur Selbstverständlichkeit für viele geworden ist, werden die Baumeister die nötige Legitimation für den Umbau besitzen" (Schubert 1992, S. 164).

In den 1980er Jahren stieß die Bitte des Bundes der Evangelischen Kirchen in der DDR an die Evangelische Kirche in Deutschland (EKD) zur Beteiligung an einer neuen Dialogpolitik auf der Basis des Konzepts gemeinsamer Sicherheit auf wenig Resonanz (vgl. Birckenbach 1989, S. 18). Heute sollte die EKD diese Chance im Namen des gerechten Friedens nicht ausschlagen. Die protestantische Kirche in Schweden mag hier als Vorreiter gelten, verbindet sie gerechten Frieden, menschliche Sicherheit und die *Common Security* miteinander:

> „The Church of Sweden promotes human security, contrary to an exclusive commitment to national security and relates that to

---

4   Vgl. hierzu die Beiträge von Heinz Gärtner zu kooperativen Sicherheitssystemen und von Hans-Joachim Heintze zu kollektiven Sicherheitssystemen in diesem Band.

the concept of common security. Church of Sweden strives for a shift in emphasis within the Swedish politics from a military crisis management to civilian preventive peace work." (Church of Sweden 2016, S. 17)

Literatur

Birckenbach, Hanne-Margret. 1989. *Die SPD-SED-Vereinbarungen über den „Streit der Ideologien und die gemeinsame Sicherheit". Eine Fallstudie zu den Chancen und Schwierigkeiten kommunikativer Friedensstrategien.* Hamburger Beiträge zur Friedensforschung und Sicherheitspolitik Heft 37. Hamburg: IFSH.

Church of Sweden (Svenska kyrkan). 2016. *Position on just peace for Church of Sweden's international work – A church that encourages just peace.* Stockholm: Svenska kyrkan.

Czempiel, Ernst-Otto. 1986. *Friedensstrategien.* Paderborn: UTB Schöningh.

IFSH (Hrsg.). 1988. *Gemeinsame Sicherheit und Friedliche Koexistenz. Ein gemeinsamer Report des IFSH (Hamburg) und des IPW (Berlin/DDR) über ihre wissenschaftlichen Diskussionen.* Hamburger Beiträge zur Friedensforschung und Sicherheitspolitik, Heft 27. Hamburg IFSH.

Kursawe, Janet, Margret Johannsen, Claudia Baumgart-Ochse, Marc von Boemcken und Ines-Jacqueline Werkner. 2015. Stellungnahme der Herausgeber und Herausgeberinnen: Aktuelle Entwicklungen und Empfehlungen. In *Friedensgutachten 2015,* hrsg. von Dies., 1–30. Münster: LIT.

Lutz, Dieter S. 1986a. Sicherheitspartnerschaft und/oder Gemeinsame Sicherheit? Zur Entstehung und Entwicklung der Begriffe und ihrer Inhalte. In *Gemeinsame Sicherheit: Idee und Konzept. Bd. 1: Zu den Ausgangsüberlegungen, Grundlagen und Strukturmerkmalen Gemeinsamer Sicherheit,* hrsg. von Egon Bahr und Dieter S. Lutz, 29–42. Baden-Baden: Nomos.

Lutz, Dieter S. 1986b. Gemeinsame Sicherheit – das neue Konzept. Definitionsmerkmale und Strukturelemente Gemeinsamer Sicherheit im Vergleich mit anderen sicherheitspolitischen Modellen und Strategien. In *Gemeinsame Sicherheit: Idee und Konzept. Bd. 1: Zu den Ausgangsüberlegungen, Grundlagen und Strukturmerkmalen Gemeinsamer Sicherheit*, hrsg. von Egon Bahr und Dieter S. Lutz, 45–81. Baden-Baden: Nomos.

Lutz, Dieter S. 1986c. Gemeinsame Sicherheit: Auf der Suche nach Inhalten – Auf dem Weg zur Akzeptanz? Zu den Kritiken und Reaktionen in der Bundesrepublik und in der DDR. In *Gemeinsame Sicherheit: Idee und Konzept. Bd. 1: Zu den Ausgangsüberlegungen, Grundlagen und Strukturmerkmalen Gemeinsamer Sicherheit*, hrsg. von Egon Bahr und Dieter S. Lutz, 223–251. Baden-Baden: Nomos.

Müller, Erwin. 1986. Gemeinsame Sicherheit: Profil eines Konzepts alternativer Sicherheitspolitik. In *Gemeinsame Sicherheit: Idee und Konzept. Bd. 1: Zu den Ausgangsüberlegungen, Grundlagen und Strukturmerkmalen Gemeinsamer Sicherheit*, hrsg. von Egon Bahr und Dieter S. Lutz, 159–196. Baden-Baden: Nomos.

Mutz, Reinhard. 1986. Gemeinsame Sicherheit: Grundzüge einer Alternative zum Abschreckungsfrieden. In *Gemeinsame Sicherheit: Idee und Konzept. Bd. 1: Zu den Ausgangsüberlegungen, Grundlagen und Strukturmerkmalen Gemeinsamer Sicherheit*, hrsg. von Egon Bahr und Dieter S. Lutz, 83–158. Baden-Baden: Nomos.

Nedelmann, Carl, Ingrid Angermann, Christian Buhrmester, Klaus Kennel, Jörg Scharff. 1987. Psychologische Aspekte Gemeinsamer Sicherheit. In *Gemeinsame Sicherheit. Dimensionen und Disziplinen. Bd. 2: Zu rechtlichen, ökonomischen, psycho-logischen und militärischen Aspekten Gemeinsamer Sicherheit*, hrsg. von Egon Bahr und Dieter S. Lutz, 201–222. Baden-Baden: Nomos.

Palme, Olaf et al. 1982. *Common Security. A Programme for Disarmament. The Report of the Independent Commission on Disarmament and Security Issues*. London: Pan Books.

Pott, Andreas. 1988. *Europäische Sicherheit I. Gemeinsame Sicherheit als Strategiemodell für Europa?* Hamburger Beiträge zur Friedensforschung und Sicherheitspolitik Heft 32. Hamburg: IFSH.

Reißig, Rolf. 2008. Weltgesellschaft – Dialog- und Transformationsprojekt des 21. Jahrhunderts. In *Weltgesellschaft. Ein Projekt von links!*, hrsg. von Egon Bahr, 21–40. Berlin: vorwärts buch.

Rudolf, Peter. 2018. *US-Geopolitik und nukleare Abschreckung in der Ära neuer Großmachtrivalitäten*. Berlin: Stiftung Wissenschaft und Politik.

Scheler, Wolfgang. 2012. Gemeinsame Sicherheit im Atomzeitalter. Konstruktives Konzept für eine alternative Sicherheitspolitik. In *Gemeinsame Europäische Sicherheit. Konzepte für das 21. Jahrhundert*, hrsg. von Erhard Crome und Lutz Kleinwächter, 79–94. Potsdam: WeltTrends.

Schubert, Klaus von. 1992. *Von der Abschreckung zur gemeinsamen Sicherheit*. Ausgewählte Aufsätze, hrsg. von Friedhelm Solms. Baden-Baden: Nomos.

Stegmaier, Werner. 2008. *Philosophie der Orientierung*. Berlin: de Gruyter.

Werbik, Hans. 1987. Kulturpsychologische Aspekte der „Gemeinsamen Sicherheit". In *Gemeinsame Sicherheit: Dimensionen und Disziplinen. Bd. 2: Zu rechtlichen, ökonomischen, psychologischen und militärischen Aspekten Gemeinsamer Sicherheit*, hrsg. von Egon Bahr und Dieter S. Lutz, 223–234. Baden-Baden: Nomos.

Werkner, Ines-Jacqueline (Red.), Matthias Dembinski, Heinz Gärtner, Sarah Jäger, Hans Misselwitz und Konrad Raiser. 2017. Berliner Memorandum „Sicherheit neu denken – Wege des Friedens in Europa". *epd-Dokumentation* Nr. 40 vom 4. Oktober 2017.

Wolf, Reinhard. 2017. Respekt und Anerkennung: ein vernachlässigter Weg zum Frieden? In *Handbuch Friedensethik*, hrsg. von Ines-Jacqueline Werkner und Klaus Ebeling, 903–913. Wiesbaden: Springer VS.

Kooperative Sicherheit am Beispiel der OSZE

Heinz Gärtner

1 Einleitung

Der Ausbruch des russisch-ukrainischen Konflikts schien die 40 Jahre andauernde Phase der kooperativen Sicherheit zwischen Ost und West nach der KSZE-Schlussakte von Helsinki von 1975 zu beenden. Nach 1989 gab es noch einige ermunternde Signale, dass der Geist kooperativer Sicherheit aufrechterhalten werden könnte wie die Pariser Charta der OSZE 1990, die NATO-Russland-Gründungsakte 1997, die Militärkooperation im NATO-Russland-Rat, die strategische Partnerschaft mit Russland 2010, die ständige Modernisierung des Wiener Dokuments über Vertrauensbildung in Europa von 1992 bis 2011, die Erklärung des OSZE-Gipfels von Astana 2010 sowie die Annahme des neuen START-Vertrages über nukleare strategische Raketen. Es gab aber auch untrügliche Zeichen der Verschlechterung der Ost-West-Beziehungen wie die NATO-Osterweiterung der 1990er Jahre und von 2004, die Aufkündigung des Anti-Raketen-Vertrages (ABM) durch die USA oder der russisch-georgische Krieg von 2008.

© Springer Fachmedien Wiesbaden GmbH, ein Teil von Springer Nature 2019
I.-J. Werkner und M. Fischer (Hrsg.), *Europäische Friedensordnungen und Sicherheitsarchitekturen*, Gerechter Frieden,
https://doi.org/10.1007/978-3-658-23920-6_7

Vor diesem Hintergrund analysiert der Beitrag das Konzept kooperativer Sicherheit am Beispiel der Organisation für Sicherheit und Zusammenarbeit in Europa (OSZE) und fragt nach den Chancen und Hindernissen ihrer Wiederbelebung. Nach begrifflichen Vorüberlegungen zur Sicherheit (Kapitel 2) und zur kooperativen Sicherheit (Kapitel 3) wird eine Abgrenzung zu anderen Sicherheitskonzepten vorgenommen (Kapitel 4) und das kooperative Sicherheitssystem in der OSZE vorgestellt (Kapitel 5). Abschließend erfolgt eine friedenspolitische Beurteilung des Konzeptes (Kapitel 6).

2   Zum Begriff der Sicherheit

Der Begriff Sicherheit geht auf das lateinische Wort „securus" zurück, das sich aus „se" (ohne) und „cura" (Sorge) zusammensetzt und „ohne Sorge" bedeutet. In seiner allgemeinsten Form bedeutet Sicherheit die Abwesenheit von Bedrohungen der erreichten wirtschaftlichen, kulturellen und moralischen Werte (*acquired values*) (vgl. Wolfers 1952, S. 483). *Acquired values* sind aber ein unbestimmter Begriff und umfassen sowohl die Werte der dominanten Akteure innerhalb der Staaten als auch innerhalb des Staatensystems. Wie Thomas Pankratz (2017, S. 15) ausführt wird nach dieser Definition Sicherheit nicht aus sich selbst heraus definiert, sondern in Relation zu etwas Fehlendem wie die Abwesenheit von Bedrohungen, Gefahren oder Risiken. Internationale Sicherheit kann daher als eine Situation definiert werden, „in der die Barrieren und ungünstigen Bedingungen, Krieg zu führen, stärker sind als die günstigen" (Buchanan 1963, zit. nach Garnett 1970, S. 34). In der definierten Situation müssen nach Allen Buchanan die Alternativen zu einer gewaltsamen Konfliktlösung in ausreichender Zahl vorhanden sein, seien sie politischer, diplomatischer oder rechtlicher Natur.

Eine Sicherheitsordnung ist demnach „eine Ordnung von Regeln, Institutionen [...] und Instrumenten, mit denen sich Staaten, Völker und Menschen vor der Gefahr von Gewalt, insbesondere von Kriegen schützen" (Lutz 1999, S. 1).

Andere Definitionen betonen die innere Aufrechterhaltung von Unabhängigkeit und Identität gegen äußere Bedrohungen. Im Völkerrecht wird mit dem Begriff Sicherheit der Zustand eines Staates bezeichnet, in dem dieser einen wirksamen Schutz gegen von außen drohende Gefahren für seine Existenz, seine Unabhängigkeit und seine territoriale Integrität genießt (vgl. Deiseroth 2000, S. 110). Das Verständnis von Unabhängigkeit kann auch breiter gefasst werden als die Bewahrung der territorialen Integrität. Für Barry Buzan (1991, S. 18f.) ist Sicherheit „die Fähigkeit von Staaten und Gesellschaften, um ihre unabhängige Identität und ihre funktionale Integrität zu bewahren" (Übers. d. Verf.).

3   Das Konzept der kooperativen Sicherheit

Kooperative Sicherheit ist eine spezielle Form von Sicherheit. Sie unterscheidet sich etwa von Sicherheit durch Abschreckung. Erstere zielt auf die Reduktion von Bedrohungen, letztere auf die militärische Fähigkeit, Bedrohungen abwehren zu können. Daher gibt es auch über die Wege, wie Sicherheit erreicht werden kann, verschiedene Ansichten. Während Abschreckungssicherheit danach strebt, Sicherheit durch die Vergrößerung von militärischen Kapazitäten zu erhöhen, will kooperative Sicherheit das Umfeld, in dem sich Bedrohungen entwickeln können, verändern (vgl. Nelson 1997, S. 63f., 2006). Sicherheit hat also zwei Dimensionen: bewaffnete Aggression von innen, um nach außen abzuschrecken (die negative Dimension), und die Schaffung von kooperativen politischen, sozialen und ökonomischen Bedingungen, um dauerhaften Frieden aufzubauen (die positive Dimension) (vgl. Hyde-Price 2000).

Kooperative Sicherheit gilt als die allgemeinste Form sicherheitspolitischer Zusammenarbeit von Staaten. Sie ist ein politisches und rechtliches Beziehungsgeflecht zwischen Staaten, um deren Sicherheit zu erhöhen. Der Hauptzweck von kooperativen Sicherheitsvorkehrungen ist es, Kriege wie auch Maßnahmen für einen Angriff zu verhindern, also vorzubeugen, dass es für Staaten notwendig wird, Gegenmaßnahmen zu treffen (vgl. Carter et al. 1992, S. 7). In diesem Sinne unterscheidet sich kooperative Sicherheit von dem traditionellen Konzept der kollektiven Sicherheit ähnlich wie die Präventivmedizin von der Behandlung.

Entstanden ist sie, um existierende Spannungen zwischen Gegnern abzubauen, nicht aber aufzuheben. Ihr Ursprung liegt im Gegensatz der Militärblöcke des Ost-West-Konfliktes. Diese Idee war insofern innovativ, als sie sich vom im Kalten Krieg vorherrschenden Verständnis von Sicherheit durch Abschreckung absetzte. Praktisch relevant wurde sie in der Schlussakte der KSZE von 1975 und der deutschen Ostpolitik zu Beginn der 1970er Jahre. Kritiker wendeten ein, dass kooperative Sicherheit die Anerkennung gegenseitiger Lager bedeutete. Im Kalten Krieg gab es jedoch keine praktikablere Alternative zur Abschreckungssicherheit. Kooperative Sicherheit wurde verschieden interpretiert und blieb daher unklar. Oft wurden Bedingungen daran geknüpft wie Handel gegen Auswanderung (z. B. das *Jackson-Vanik-Amendment* von 1974) oder Rüstungskontrolle gegen Beendigung der Unterstützung von Aufständischen (etwa während des Vietnamkrieges). Die Allgemeinheit des Konzeptes war somit einerseits ein Vorteil, weil es die verschiedensten Bereiche umfasste, andererseits ein Nachteil, weil damit keine konkreten Umsetzungsverpflichtungen verbunden waren.

4   Kooperative Sicherheit in Abgrenzung zu anderen Sicherheitskonzepten

Der Begriff der kooperativen Sicherheit ist von anderen Sicherheitskonzepten oft nicht ganz klar abzugrenzen und wird daher oft auch synonym und unspezifisch für verschiedene Konzepte von Sicherheitskooperation verwendet. Folgend soll der Versuch unternommen werden, kooperative Sicherheit von anderen Sicherheitskonzepten abzugrenzen:

Im Gegensatz zu *kollektiver Sicherheit* (wie dem System der Vereinten Nationen, vgl. hierzu den Beitrag von Hans-Joachim Heintze in diesem Band) und *kollektiver Verteidigung* (wie der NATO) schließt kooperative Sicherheit keine Verpflichtungen zu militärischem Beistand (Beistandsverpflichtungen) ein. Die Mitglieder eines Systems kollektiver Sicherheit verpflichten sich, einem Mitglied (oder mehreren Mitgliedern) im Falle einer Bedrohung oder eines Angriffs durch ein anderes Mitglied (oder durch mehrere Mitglieder) unter Einbeziehung von militärischen Mitteln gemeinsam zu Hilfe zu kommen. Kollektive Sicherheit ist ein System, in dem jeder Staat des Systems akzeptiert, dass die Sicherheit eines Staates die Sicherheit von allen ist, und jeder einer kollektiven Antwort auf Aggression zustimmt (vgl. Roberts und Kingsbury 1993, S. 30).

Bei einem System kollektiver Verteidigung schließen sich Staatengruppen gegen potenzielle äußere Bedrohungen zusammen. Das heißt: Während Systeme kollektiver Sicherheit nach innen gerichtet sind, sind Systeme kollektiver Verteidigung nach außen gerichtet. Beide Systeme beinhalten eine Gefahr der Eskalationsdynamik von kleineren zu großen Konflikten. Empirische Studien belegen, dass, je stärker und häufiger die Bündnisverpflichtungen eines Staates sind, desto größer ist die Wahrscheinlichkeit, dass dieser Staat in Kriege verwickelt wird (vgl. Singer und Small 1966, S. 109ff.; Geller und Singer 1998, S. 15ff., 62ff.). Das System kollektiver Sicherheit richtet sich von seiner Grundkonzeption her nicht gegen einen bestimmten Staat oder eine Staatengruppe. Der potenzielle „Feind" beziehungsweise Rechts- und Friedensbrecher steht nicht von vorneherein fest. Die Mitglieder des Systems kollektiver Sicherheit müssen vielmehr bereit sein, gegen jedes von ihnen unverzüglich die notwendigen Zwangsmaßnahmen zu ergreifen.

Kooperative Sicherheit enthält dagegen keine Verpflichtung, an Zwangsmaßnahmen des Systems teilzunehmen. Sie besteht auch nicht notwendigerweise innerhalb eines Bündnisses. Kooperative Sicherheit kann die Mitgliedschaft in internationalen Organisationen (zum Beispiel in der OSZE) ebenso wie konkrete Rüstungskontrollabkommen oder multi- und bilaterale Übereinkommen (Rüstungskontrolle) umfassen.

Von kooperativer Sicherheit zu unterscheiden ist auch das Konzept *gemeinsamer Sicherheit* (vgl. hierzu den Beitrag von Ines-Jacqueline Werkner in diesem Band). Gemeinsame Sicherheit ist eine sehr spezifische Form von Sicherheitskooperation. Sie wurde in den 1970er Jahren entwickelt und sollte in der Zeit des Ost-West-Konfliktes in Europa die sicherheitspolitische Kooperation über ideologische Grenzen hinweg ermöglichen und die Gefahr eines Nuklearkrieges in Europa verhindern helfen, der durch das Versagen der nuklearen Abschreckung drohte. Gemeinsame Sicherheit hatte aber nicht nur eine sicherheitspolitische, sondern auch eine politische Intention. Sie sollte durch Annäherung der beiden Blöcke die Spaltung in Europa überwinden helfen. Werkner weist in ihrem Beitrag darauf hin, dass – auch wenn dieses Konzept in Zeiten des Ost-West-Konfliktes entstanden ist – zentrale Konstellationen gemeinsamer Sicherheit weiterhin gültig sind. So scheint sich die Sicherheitslage in und um Europa in gewisser Weise sogar noch verschärft zu haben. Gemeinsame Sicherheit setzt auf eine konsequente Ablösung der Abschreckungspolitik, nicht nur auf ihre Ergänzung, wie sie noch auf der Basis des Harmel-Berichts der NATO von 1967, der Dialog als Zusatz zur Abschreckung ansah, konzeptionell angedacht war.

1990 wurde Sicherheit über das traditionelle Verständnis staatlicher und militärischer Sicherheit hinaus ausgeweitet und das Konzept kooperativer Sicherheit um das der *umfassenden Sicherheit* erweitert. Der umfassende Sicherheitsansatz entstand nicht zuletzt im Gefolge einer geänderten Bedrohungsanalyse nach dem Zerfall der Sowjetunion. In West- und Mitteleuropa entdeckte die wissenschaftliche Fachwelt sehr bald das neue Problem auch im Hinblick auf ein stark verändertes Sicherheitsgefühl innerhalb der Bevölkerung. Bei kooperativer Sicherheit soll die Sicherheit durch Verminderung der Bedrohungen erhöht werden, während umfassende Sicherheit durch die Fähigkeiten innerhalb verschiedener Dimensionen (militärische, aber auch politische, soziale, gesellschaftliche, wirtschaftliche, ökologische und kulturelle) zur Abwehr von Bedrohungen gesteigert werden soll (Versicherheitlichung) (vgl. Buzan et al. 1998). Kooperative Sicherheit soll also die politischen Bedingungen schaffen, die die Gefahr von militärischen Konflikte reduziert; umfassende Sicherheit hingegen „vesicherheitlicht" auch nicht-militärische Bereiche, was die Erhöhung der Verteidigungsfähigkeiten in jedem einzelnen der Bereiche mit einschließt.

Der Begriff der *vernetzten Sicherheit* – ein weiteres Konzept, das in dieser Zeit entstanden ist – ist insofern ähnlich dem der kooperativen Sicherheit, weil er keine unmittelbare Reaktion auf eine Bedrohung darstellt und keine Zwangsmaßnahmen enthält. Sie basiert auf der Annahme, dass sich die Trennung zwischen zivilen und militärischen Bereichen zunehmend als dysfunktional erweise und durch einen neuen, vernetzenden Ansatz zu ersetzen sei. Dieser müsse darauf ausgerichtet sein, die vorhandenen zivilen, wirtschaftlichen und militärischen Fähigkeiten systematisch aufeinander abzustimmen. Die Forderung nach vernetzter Sicherheit führt zu grundlegenden Veränderungen im Aufbau und im Management der nationalen und internationalen Sicherheitssektoren. Sie umfassen die militärischen, polizeilichen und paramilitärischen Kräfte, den Grenzschutz, die Nachrichten- und Geheimdienste sowie die politischen Aufsichts- und Koordinationsorgane. Beim Sicherheitssektor kommt ein kooperativer Sicherheitsbegriff zur Anwendung, der neben den militärischen, gesellschaftliche, wirtschaftliche, politische und Umwelt-Aspekte mit einschließt. Organe der inneren (Polizei, Gendarmerie) wie der äußeren Sicherheit (Militär) sind ebenso erforderlich wie Instrumente der staatlichen Entwicklungszusammenarbeit und Nichtregierungsorganisationen.

Der Begriff der kooperativen Sicherheit – das haben die obigen Ausführungen deutlich machen können – wurde in vielfältiger Weise ausgeweitet. Kenneth Waltz (1959) hatte drei Analyseebenen für das Verhalten von internationalen Akteuren eingeführt: erstens das internationale System, das die Beziehungen zwischen den Staaten und auch internationale Institutionen umfasst, zweitens das politische System und das Verhalten einzelner Staaten und drittens Akteure unterhalb der Staaten wie Individuen, Gruppen und nichtstaatliche Akteure. Vor diesem Hintergrund wurde kooperative Sicherheit, ausgehend von der Ebene staatlicher und militärischer Sicherheit, zum einen auf die untere Ebene der Sicherheit von Gruppen und Individuen ausgeweitet. Zum anderen wurde sie aber auch um die obere Ebene des internationalen Systems und überstaatlicher Einheiten erweitert. Zusätzlich wurde kooperative Sicherheit im Sinne der umfassenden Sicherheit horizontal auf politische, wirtschaftliche, soziale und gesellschaftliche Sicherheit ausgedehnt (vgl. Rothschild 1995, S. 55). Mit der Ausweitung des Sicherheitsbegriffs auf alle Lebensbereiche wurde er so verallgemeinert, dass er viel von seiner Analysekraft eingebüßt hat. Auch bleibt die Perspektive unklar: Einerseits scheint mit dem weiten

Sicherheitsbegriff der militärische Sektor in den Hintergrund gedrängt, andererseits wird argumentiert, dass nun alle Bereiche in die Zuständigkeit des Militärs fallen würden.

5   Kooperative Sicherheit in der OSZE

Mit dem Beginn der Entspannungspolitik Anfang der 1970er Jahre schlug die Sowjetunion die Institutionalisierung eines gesamteuropäischen Sicherheitssystems vor, das erst allmählich zu einem kollektiven Sicherheitsarrangement transformiert werden sollte. Die NATO-Staaten standen diesem Vorschlag ablehnend gegenüber, da in einem derartigen Sicherheitssystem ohne US-Präsenz die Sowjetunion dominiert hätte. Die Sowjetunion schwächte den Vorschlag im Vorfeld der KSZE-Gespräche ab und sprach nur mehr von einem „Konsultativkomitee". Die westeuropäischen Staaten befürworteten zur Vorbereitung der KSZE in Helsinki „eine ständige europäische Konferenz". Sie sollte koordinierte Verhandlungen „über alle entscheidenden Fragen" ermöglichen und mit der Generalversammlung und dem Sicherheitsrat der Vereinten Nationen in Verbindung stehen. Die Schlussakte von Helsinki etablierte schließlich ein System kooperativer Sicherheit mit drei Körben im Rahmen der KSZE: einen ersten, der sicherheitsbezogene Fragen behandeln sollte; einen zweiten über die Zusammenarbeit in den Bereichen Wirtschaft, Wissenschaft, Technologie und Umwelt; und einen dritten über die Zusammenarbeit in humanitären und anderen Bereichen. Verhandlungen über konventionelle Rüstungskontrolle wurden getrennt davon begonnen (vgl. Gärtner 2017).

1989 wurde kurzzeitig die KSZE als das Modell für eine künftige europäische Sicherheitsarchitektur in die Debatte eingebracht. Seit 1987 hatte der sowjetische Präsident Michael Gorbatschow die Metapher des „gemeinsamen europäischen Hauses" verwendet.

Dieses Konzept griff die alten Vorstellungen auf, dass Russland Teil Europas sei. Für Gorbatschow war ein pan-europäisches System kooperativer Sicherheit nicht nur ein Instrument, sondern das Ziel europäischer Friedenspolitik (vgl. Nünlist et al. 2017).

Mit der Charta von Paris 1990 sollte die Blockteilung in Europa beendet, Demokratie und Rechtsstaatlichkeit als einzig verbindliche Regierungsform anerkannt sowie Menschenrechte und Grundfreiheiten eingehalten werden. Im Rückblick scheint das KSZE-Moment von 1989 bis 1990 schon vorbei gewesen zu sein, bevor es wirklich begann. Bereits Mitte der 1990er Jahre war die sowjetische Idee des gesamteuropäischen Systems kooperativer, pan-europäischer Sicherheit in eine Sackgasse geraten.

Die OSZE-Gipfelerklärung von Astana im Jahr 2010 formulierte noch einmal auf der Grundlage kooperativer Sicherheit „den Weg zu einer Sicherheitsgemeinschaft". Darin wurden die gegenseitige Berechenbarkeit und die Vermeidung von Gewalt auf der Basis einer umfassenden, kooperativen, gleichen und unteilbaren Sicherheit zur Erhaltung des Friedens betont. Die Sicherheit jedes Teilnehmerstaates ist nach dieser Vorstellung untrennbar mit der Sicherheit aller anderen verbunden. Seither wird dieser Ansatz aber wegen der verschärften Spannungen zwischen Russland und dem Westen blockiert. Grund dafür ist nicht nur der Konflikt in der Ukraine, sondern auch geopolitische Konfrontationen in anderen Gegenden der Welt, unter anderem die Situation in Syrien. Das Konzept der kooperativen Sicherheit fiel zurück auf das der Koexistenz. Die Idee kooperativen/gemeinsamen Sicherheit von Helsinki 1975 wurde bestenfalls auf die Formel der Kombination von Abschreckung und Dialog des Harmel-Planes von 1967 zurückgefahren.

In jüngster Zeit wurde die Idee der kooperativen Sicherheit innerhalb der OSZE wieder aktuell, nachdem sie 2014 eine spezielle Beobachtermission (*Special Monitoring Mission*) in die Ukraine entsandte. Es ist die größte und teuerste Feldmission der OSZE.

Weitere Feldmissionen gibt es gegenwärtig in Abchasien, Nagorno Karabach und Transistrien. Andere Missionen wurden beendet wie im Südkaukasus oder in Zentralasien (vgl. BICC et al. 2018). Dennoch ist dies nur eine sehr reduzierte Form kooperativer Sicherheit gegenüber den großen Vorstellungen während des Kalten Krieges oder auch noch des OSZE-Gipfels von Astana von 2010.

Kooperative Sicherheit ermöglicht die Teilnahme an Krisenmanagement- und Friedensoperationen von verschiedenen internationalen Arrangements und Organisationen. Deshalb fallen Missionen zum Krisenmanagement in den Rahmen kooperativer Sicherheit. Damit wird kooperative Sicherheit auch zu einem Instrument der Konfliktprävention und zwar auch dort, wo ein bewaffneter Konflikt bereits ausgebrochen und nicht beendet ist. Mit der Perspektive der Konfliktverhütung und des Krisenmanagements entsteht eine neue Brücke zur OSZE, die die der KSZE-Dimension ablösen konnte. Die Ziele und operativen Modalitäten kooperativer Sicherheit in der OSZE sind die Verhütung von Konflikten, aber auch die Verhinderung der Ausbreitung von Konflikten sowie die Hilfestellung bei der Suche nach friedlichen Lösungen. Missionen der OSZE beobachten solche Konflikte und berichten an übergeordnete Stellen (Vorsitz, Troika, Ständiger Rat). Des Weiteren versuchen sie zu vermitteln und zu verhandeln. Die OSZE unterscheidet noch Missionen zur Konfliktverhütung und Missionen zur Friedenskonsolidierung (vgl. Abadjan 2000, S. 24). Das Ziel der operativen Modalitäten liegt des Weiteren in der Verhinderung eines Wiederaufflammens von Konflikten durch friedenskonsolidierende Maßnahmen. Dazu gehören konkrete Programme mit Betonung der menschlichen Dimension sowie wirtschaftlicher und Umweltmaßnahmen. Der Erfolg von *fact finding*-Missionen der OSZE hängt von der Kooperation der involvierten Parteien, der Transparenz und den vorhandenen Ressourcen ab. Ein typisches Beispiel für *fact finding* ist der Hohe Kommissar für nationale Minderheiten der OSZE.

Ihr Nachteil ist, dass es nicht ausreicht, die Konfliktparteien an den Verhandlungstisch zu bringen.

Um kooperative Sicherheit wieder enger zu fassen, wurde auf dem OSZE-Ministerratstreffen in Hamburg 2016 der Begriff des strukturierten Dialogs in die OSZE-Dokumente aufgenommen. Er soll gegenwärtige und künftige Sicherheitsthemen behandeln, den Dialog zwischen den teilnehmenden Staaten fördern, die bestehenden Differenzen verkleinern sowie eine gemeinsame Grundlage finden, um negativen Trends in der europäischen Sicherheitsarchitektur entgegenzuwirken. Der strukturierte Dialog wird als Beitrag zur kooperativen Sicherheit gesehen und als ernsthafte Bemühung der teilnehmenden Staaten, Transparenz, Vorhersagbarkeit und letztlich kooperative Sicherheit zu erhöhen. Er fördert insbesondere hochrangige Kontakte von Militär zu Militär.

6 Fazit: kooperative Sicherheit, die OSZE und der Frieden

Frieden „ist nicht der Zustand völliger Abwesenheit von politischen Konflikten, sondern die Summe der Fähigkeiten und Instrumentalitäten, mit ihnen in anderer als gewalttätiger Weise umzugehen" – so formulierte es Trutz Rendtorff (1984, S. 42). In diesem Sinne kann Frieden im Rahmen der OSZE als die Fähigkeit zu politischer Gestaltung von Konflikten beziehungsweise des Konfliktmanagements verstanden werden.

Die Basis für kooperative Sicherheit ist sowohl ein friedliches Verhalten nach außen als auch eine gerechte Verteilung und Wohlfahrt. Mit ihren drei Dimensionen – die politisch-militärische Dimension, die Wirtschafts- und Umweltdimension und die humanitäre (Menschenrechts-)Dimension – hätte die OSZE die

Instrumente dafür und könnte so ein stabilisierender Faktor in Europa sein.

Allerdings stellt sich zugleich die Frage, ob Prinzipien wie Kooperation, Solidarität, Gemeinsamkeit und Multilateralität nicht für lange Zeit bedeutungslos geworden sind. US-Präsident Donald Trump beispielsweise ordnet Sicherheit wirtschaftlichen und bilateralen Vorteilen der USA unter. Politischer Druck, Zölle und Sanktionen sollen die US-Dominanz über Gegner und Freunde sichern. Es ist wahrscheinlich, dass dieser harte Realismus die Periode Trump langfristig überlebt, was multilaterale Organisationen wie die OSZE an den Rand der Weltpolitik drängt. Die Präsidentschaft Trump ist nur ein Beispiel, sie entkleidet aber zunehmend die internationale Gesellschaft seiner Prinzipien und führt das internationale System auf Machtbeziehungen von Staaten zurück. Kooperative Sicherheit innerhalb der OSZE würde dann auf die Beobachter- und Friedensmissionen reduziert werden.

Deutschland und auch die Europäische Union wollen die transatlantischen Beziehungen aufrechterhalten, machen sich angesichts der Administration Trump aber auch Gedanken darüber, einen alternativen Entwurf vorzulegen und zu verfolgen. Das heißt einerseits mehr Unabhängigkeit für Europa; könnte andererseits aber auch ein europäisches Festhalten am alten System des Multilateralismus, das auch die OSZE einschließt, bedeuten.

Der deutsche Außenminister Heiko Maas hat im Sommer 2018 in einem Gastkommentar für das Handelsblatt (29. August 2018) erklärt, dass er eine neue Strategie Deutschlands für den Umgang mit den USA vorlegen wird. Gerade den Multilateralismus sieht der deutsche Bundesaußenminister gefährdet, wenn sich Trump mehr auf die bilateralen Beziehungen von Staaten konzentriere. So versucht Trump, mit bilateralen Beziehungen einzelnen Staaten gewisse Vorteile zu versprechen und dadurch die Machtbeziehungen der USA zu stärken. Das hat Maas erkannt, indem er dem Bilateralismus den alten Multilateralismus entgegensetzen will. Dabei würde der OSZE eine entscheidende Rolle zukommen. Weitere Themen wären in dem Zusammenhang etwa das Pariser Klimaabkommen oder auch das multilaterale Iran-Abkommen. Mittlerweile sind auch multilaterale Organisationen wie die Weltbank infrage gestellt. Die OSZE könnte hier zu einem wichtigen Forum werden, das Prinzip des Multilateralismus aufrechtzuerhalten.

Bisher hat Trump die Initiativen gesetzt und die Europäer haben nur reagiert. Wahrscheinlich sitzen die USA immer noch am längeren Hebel; wirtschaftlich und militärisch sind sie die dominante Macht. Die Europäer machen jetzt den Versuch, eine Wertediskussion zu führen. Sie wollen die liberale Wertordnung und den Multilateralismus aufrechterhalten. Diese Debatte ist wichtig, auch wenn solch ein europäischer Entwurf sich nur mittelfristig, vielleicht auch nur in Teilbereichen durchsetzen lassen wird.

Literatur

Abadjan, Vahram. 2000. OSCE Long-Term Missions: Exit Strategy and Related Problems. *Helsinki Monitor* 11 (1): 22–36.

Buzan, Barry. 1991. *People, States, and Fear.* Boulder, CO: Lynne Rienner.

Buzan, Barry, Ole Waever und Jaap de Wilde. 1998. *Security: A New Framework for Analysis.* Boulder: Lynne Rienner.

Carter, Ashton B., William J. Perry und John D. Steinbrunner. 1992. *A New Concept of Cooperative Security.* Washington, DC: Brookings Institution.

Deiseroth, Dieter. 2000. Die NATO – Ein System „kollektiver Verteidigung" oder „kollektiver Sicherheit"? Kritische Bemerkungen zur Rechtsprechung des Bundesverfassungsgerichts. *Die Friedens-Warte* 75 (1): 101–128.

BICC, HSFK, IFSH, INEF (Hrsg.). 2018. Friedensgutachten 2018. Kriege ohne Ende. Mehr Diplomatie – weniger Rüstungsexporte. Münster: LIT.

Gärtner, Heinz. 2017. *Der Kalte Krieg.* Wiesbaden: Marixverlag.

Garnett, John (Hrsg.). 1970. *Theories of Peace and Security: A Reader in Contemporary Strategic Thought.* London: Macmillan.

Geller, Daniel S. und J. David Singer. 1998. *Nations at War. A Scientific Study of International Conflict.* Cambridge: Cambridge University Press.

Hyde-Price, Adrian. 2000. "Beware the Jabberwock!". Security Studies in the Twenty-First Century. In *Europe's New Security Challenges,* hrsg. von Heinz Gaertner, Adrian Hyde-Price und Erich Reiter, 27–55. Boulder: Lynne Rienner.

Lutz, Dieter S. 1999. Die Europäische Friedens- und Sicherheitsordnung: Vision und Realität. Vortrag im Rahmen des Arbeitskreises Friedens- und Konfliktforschung im Planungsstab des Auswärtigen Amtes in Berlin am 27. September 1999. https://ifsh.de/pdf/publikationen/hifs/HI29.htm. Zugegriffen: 23. August 2018.

Nelson, Daniel N. 1997. Germany and the Balance between Threats and Capacities in Europe. *International Politics* 34 (1): 63–78.

Nelson, Daniel N. 2006. *Increasing Capacities – Abating Threats.* Unveröffentlichtes Manuskript.

Nünlist Christian, Juhana Aunesluoma und Benno Zogg. 2017. *The Road to the Charter of Paris: Historical Narratives and Lessons for the OSCE Today.* Draft Report vom 27. Oktober 2017.

Pankratz, Thomas. 2017. Gedanken zu „Sicherheit" und Theorie. In *Neue Ansätze der Sicherheitsstudien. Eine Einführung,* hrsg. von Teresa Ulrich, und Thomas Pankratz, S. 13–27. Wien: Landesverteidigungsakademie.

Rendtorff, Trutz. 1984. Christliche Friedensethik und die Lehre vom gerechten Krieg in sozialethischer Sicht. In Gottes Friede den Völkern, hrsg. von Eduard Lohse und Ulrich Wilckens, 27–48. Hannover: Lutherisches Verlagshaus.

Roberts, Adam, Benedict Kingsbury. 1993. *United Nations, Divided World: The UN's Roles in International Relations.* 2. Aufl. Oxford: Clarendon Press Oxford.

Rothschild, Emma. 1995. What is Security? *Daedalus* 124 (3): 53–98.

Singer J. David und Melvin Small. 1966. National Alliance Commitments and War Involvement 1815–1945. *Peace Research Society* (International Papers 5).

Waltz, Kenneth N. 1959. *Man, the State and War.* New York: Columbia University Press.

Wolfers, Arnold. 1952. National Security as an Ambiguous Symbol. *Political Science Quarterly* 67 (4): 481–502.

Zur Friedensfähigkeit von Systemen kollektiver Sicherheit am Beispiel der Vereinten Nationen – eine völkerrechtliche Perspektive

Hans-Joachim Heintze

1 Einleitung

Die Friedensdenkschrift der Evangelischen Kirche in Deutschland (EKD) nimmt mit dem Konzept des gerechten Friedens eine bewusste Fokussierung auf friedliche Konfliktbearbeitungsstrategien vor. Sie folgt einem rechtsethischen Ansatz und formuliert Anforderungen an eine globale Friedensordnung als Rechtsordnung (EKD 2007, Ziff. 86ff.). Dabei könne die weltweite Friedenssicherung nur kollektiv durch die Staatengemeinschaft erreicht werden. Zu diesem Zweck müssen sich die Staaten in internationalen Organisationen zusammenfinden und diese mit adäquaten Kompetenzen ausstatten. Damit stellt sich die Frage, welche Zwangsmittel einschließlich der militärischen Gewalt einer internationalen Organisation zugestanden werden. Gleichwohl bleibt die als *ultima ratio* ausgeübte rechtserhaltende Gewalt sowohl politisch und rechtlich als auch aus religiöser Sicht, das belegen biblische Überlieferungen, stets prekär; sie hat auch zu kontroversen Debatten im ökumenischen Kontext geführt (vgl. Jäger und Werkner 2018). Die sich seit Augustinus verfestigende Zustimmung von Christen zum Kriegsdienst

© Springer Fachmedien Wiesbaden GmbH, ein Teil von Springer Nature 2019
I.-J. Werkner und M. Fischer (Hrsg.), *Europäische Friedensordnungen und Sicherheitsarchitekturen*, Gerechter Frieden,
https://doi.org/10.1007/978-3-658-23920-6_8

verlangte nach einer theologischen Auseinandersetzung, welche
Rolle dem Krieg im göttlichen Heilsplan zukomme (vgl. Schulz
2008, S. 11) und führte letztlich zur Lehre vom gerechten Krieg, die
bis heute – insbesondere im anglo-amerikanischen Raum – eine
erhebliche Rolle spielt.

Die Schaffung und Tätigkeit von Systemen kollektiver Sicherheit, in deren Zentrum mit den Vereinten Nationen das einzige
universelle System steht, hat politikwissenschaftlich und juristisch
zu zahlreichen kontroversen Diskussionen geführt (vgl. u. a. BICC
et al. 2018, S. 107ff.). Systeme kollektiver Sicherheit organisieren
die Zusammenarbeit ihrer Mitgliedsstaaten und sind nicht wie
Systeme kollektiver Verteidigung gegen potenzielle Angreifer von
außen gerichtet. Die Friedensdenkschrift der EKD benennt in
Bezug auf die Vereinten Nationen drei Gründe, weshalb sie diese
zum zentralen Ankerpunkt für einen gerechten Frieden erhebt:
Erstens liege sie im gleichen Interesse aller Beteiligten, zweitens sei
sie vorrangig auf zivile Mechanismen der Krisenprävention und
Konfliktbearbeitung ausgerichtet und drittens beschränke sie sich
auf die Garantie der äußeren Bedingungen, welche die Verwirklichung eines gerechten Friedens erst möglich machen (vgl. EKD
2007, Ziff. 87). Ausgehend von dieser positiven Gesamtbewertung
wird im Beitrag die Friedensfähigkeit der Vereinten Nationen als
System kollektiver Sicherheit untersucht.

2   Kollektive Sicherheit durch völkerrechtliche Verträge: Die Vereinten Nationen

Die Konzepte kollektiver Sicherheit und dauerhaften Friedens
sind keine Erfindung der Neuzeit. Bereits Immanuel Kant hat
dazu grundlegende Gedanken formuliert, wonach von Vernunft

geleitete Maximen eingehalten werden müssen, um den nicht na-
turgegebenen Frieden zu stiften und abzusichern (vgl. Kant 2013
[1795], S. 14ff.). Letztlich muss also die Politik durchgängig um die
Erhaltung des Friedens kämpfen. Auf diesem Gedanken beruht die
Schaffung von Institutionen, die sich der Aufgabe der Friedenssicherung beständig zuwenden. Solche Institutionen bedürfen der
Absicherung durch völkerrechtliche Verträge, die auch Regeln zur
Durchsetzung der Friedenspflicht der beteiligten Staaten enthalten müssen. Die Kant'schen Gedanken legen nahe, die Vereinten
Nationen als ein solches Instrument des ständigen Kampfes um
den Frieden zu sehen (vgl. Brock 2016, S. 2). Hinterfragt man eine
solche Betrachtungsweise, ist vom geschichtlichen Hintergrund
der Weltorganisation auszugehen. Es bedurfte wohl des doppelten
Schocks eines mit modernster Technik geführten Weltkrieges und
einer menschenfeindlichen faschistischen Ideologie, dass sich die
Politiker der Anti-Hitler-Koalition – vielleicht unbewusst – dem
Kant'schen Gedankengut annäherten. Die Gründung der Vereinten
Nationen wurde in der Atlantik-Charta, die Präsident Franklin D.
Roosevelt und Premierminister Winston Churchill am 14. August
1941 verabschiedeten, vorhergedacht (vgl. Bennouna 1941, S. 1). Die
Einhaltung völkerrechtlicher Grundsätze, wie das Gewaltverbot
in den internationalen Beziehungen und die friedliche Beilegung
von Konflikten, wurde zur Voraussetzung für ein universelles
System kollektiver Sicherheit gemacht. Umsetzung fanden diese
Vorstellungen in der UN-Charta. Sie war eine Konsequenz der
Erfahrungen der Alliierten: Nur das gemeinsame Handeln ermög-
lichte die Überwindung der Aggressoren. Nun sollte eine friedliche
Welt auf der Grundlage des gleichen Gedankens des gemeinsamen
Handelns erbaut werden. Die UN-Charta stellt einen völkerrecht-
lichen Vertrag dar. Das Völkerrecht ist dadurch gekennzeichnet,
dass es vereinbart wird und verbindlich ist. Anders als das nationale
Recht wird das Völkerrecht nicht gesetzt. Vielmehr ist die Verein-

barung notwendig, weil die Subjekte Staaten und damit souveräne
Einheiten sind, die anders als die innerstaatlichen Subjekte nicht
per se dem Recht unterworfen werden können. Folglich muss das
Völkerrecht in oft langwierigen Verhandlungen ausgehandelt
werden und tritt vor allem in der Form von Verträgen auf. Sind
Verträge einmal zustande gekommen, ermöglichen sie die Stabi-
lität und Berechenbarkeit der Beziehungen der Rechtsbeteiligten.
Dennoch sind Verträge nicht statisch, sie können jederzeit durch
ein bestimmtes Verfahren seitens der Vertragsparteien ergänzt,
geändert oder auch beendet werden. Diese Beständigkeit und
Verfahrensgebundenheit des Rechts sind für die internationale
Friedenssicherung von enormer Bedeutung (vgl. Ipsen 2014, S. 38ff.).

Die UN-Charta wurde 1944 in Dumbarton Oaks ausgearbeitet,
am 26. Juni 1945 in San Francisco unterzeichnet und trat am 24.
Oktober 1945 nach der Ratifikation durch die 51 ursprünglichen
Mitglieder der Organisation in Kraft. Damit wurde ein System, geprägt von rechtlichen Beziehungen zwischen den Mitgliedsstaaten,
begründet. Die Mitglieder verpflichten sich zu einem bestimmten
Verhalten und erwarten von den Partnern ein gleichermaßen
rechtstreues Verhalten, was gemeinhin als die Gegenseitigkeits-
erwartung bezeichnet wird. Welche Pflichten den Mitgliedern
auferlegt werden, findet sich in den Statuten des Systems. Lassen
diese die Aufnahme neuer Mitglieder zu, so bedarf es dafür einer
Entscheidung der bereits dazugehörigen Mitglieder. Sie müssen den
Antragsteller für fähig halten, die Verpflichtungen eines Mitgliedes
des Sicherheitssystems zu übernehmen. Wie dieses Verfahren im
Einzelnen aussieht, ist wiederum in den Statuten geregelt (vgl.
Schmalenbach 2012, S. 22).

▶ Nur Staaten können Mitglied werden.

Die UN-Charta regelt die genannten generellen Grundsätze für das
UN-System. Mit der Mitgliedschaft verpflichten sich die Staaten
zu einem Verhalten in Übereinstimmung mit der Charta, denn
nach Artikel 4 können alle Staaten Mitglied werden, „welche die
Verpflichtungen aus dieser Charta übernehmen". Damit ist festgelegt, dass das UN-System nur Staaten einschließt. Dies ist aus der
Sicht des Jahres 1945 verständlich. Damals waren in der Tat die
Staaten die fast alleinigen Akteure des Völkerrechts. Mehr noch,
an anderer Stelle spricht die Charta sogar ausschließlich von den
„zivilisierten" Staaten, das heißt 1945 sollten die halbsouveränen
Staaten, die sich noch unter bestimmten kolonialen Bevormun-
dungen befanden, außen vor gehalten werden.
      Aber selbst heute ist sich die Staatengemeinschaft über die
Legaldefinition des Staates nicht einig. So sieht man sich immer
wieder vor die Frage gestellt, ob beispielsweise Nordzypern oder
Taiwan Staaten sind oder nicht. Legt man die Kriterien von Max
Weber (Territorium, Bevölkerung, Regierung) zugrunde, so wären
sie Staaten. Freilich sind dies nur die Vorstellungen von Juristen,
die für die Staatengemeinschaft zwar eine Richtungsweisung, aber
gleichwohl keine Verbindlichkeit darstellen. Bedeutender ist hier
die Montevideo-Konvention von 1933, die zu den Weber'schen
Kriterien ein weiteres hinzufügen: die Fähigkeit zum Eintritt
in die internationalen Beziehungen. Damit kommt die Politik
ins Spiel, denn die Fähigkeit zum Eintritt in die internationalen
Beziehungen setzt die Anerkennung voraus. Die Anerkennung ist
ein politischer Akt der bestehenden Staaten, einen neuen Staat in
ihre Gemeinschaft aufzunehmen. Die Anerkennung begründet
zwar keine Staatlichkeit, sie schafft aber die Fähigkeit des neuen
Subjektes, international gleichberechtigt tätig zu werden. Die
Montevideo-Konvention entspricht dem politischen Charakter

des Völkerrechts, deshalb wird ihrer Staatsdefinition heute der Rang von Völkergewohnheitsrecht eingeräumt.

Dennoch sind damit nicht alle Probleme gelöst. Streitig ist beispielsweise bislang immer noch, ob Palästina Staatsqualität zukommt oder nicht. Zwar ist der Staat von mehr als 130 Staaten anerkannt, aber Großmächte wie die USA und Großbritannien bestreiten bislang die Staatlichkeit und machen sie davon abhängig, dass zuvor grundlegende Fragen des Verhältnisses zu Israel (insbesondere das Rückkehrrecht der Palästinenser) geklärt werden. Hier zeigt sich eine Schwäche des UN-Systems kollektiver Sicherheit. Ein solches System kann seine friedensfördernde Wirkung nur entfalten, wenn alle Staaten diesem System auch angehören. Dies entspringt aus der Tatsache, dass jeder Konflikt zwischen Staaten die gesamte Staatengemeinschaft betrifft, denn jeder Konflikt kann zur Anwendung militärischer Gewalt führen, die die Gefahr in sich birgt, den internationalen Frieden zu gefährden. Der Nahostkonflikt belegt dies anschaulich.

Größere Einigkeit besteht in der Staatengemeinschaft hinsichtlich der Nichtakzeptanz von Einheiten, die aus Gewaltkonflikten hervorgegangen sind. So beschloss die Generalversammlung, dass das durch den türkischen Militäreinsatz geschaffene Nordzypern durch die UN-Mitgliedsstaaten nicht anerkannt werden darf. Auch die Zugehörigkeit der Krim zur Russischen Föderation darf nicht anerkannt werden. Damit folgen die Vereinten Nationen den Regeln, die mit der Stimson-Doktrin schon im Zweiten Weltkrieg angesichts der japanischen Besetzung der Mandschurei aufgestellt wurden (vgl. Heintze 2014, S. 153ff.).

▶ Nur „friedliebende Staaten" können Mitglied werden.

Friedenswissenschaftlich und -ethisch dürfte von Interesse sein, dass die Voraussetzung der Staatlichkeit noch qualifiziert wurde, indem nur „alle sonstigen friedliebenden" Staaten Mitglied werden können. Damit stellt sich die Frage, was die Vereinten Nationen unter diesen drei Begriffen verstehen: „Alle" bezieht sich darauf, dass die Vereinten Nationen die universelle Mitgliedschaft aller Staaten anstreben. „Sonstige" weist darauf hin, dass die UN-Gründungsmitglieder die Staaten der Anti-Hitler-Koalition waren, die als friedliebend angesehen wurden, weil sie die Achsenstaaten niedergerungen haben. Was ein „friedliebender" Staat sein soll, lässt sich dagegen nicht so einfach beantworten. Es gibt dafür keine allseitig anerkannte Definition, so dass diese Formel im Kalten Krieg zu einem Spielball der politischen Interessen der Großmächte wurde. Zwischen 1951 und 1955 wurden keine Staaten aufgenommen, weil die Sowjetunion im Sicherheitsrat die Zustimmung zu der Aufnahmeempfehlung verweigerte. Das betraf Transjordanien, Portugal, Irland, Finnland und Italien. Seither spielt das Kriterium der „Friedensliebe" keine Rolle mehr. Vielmehr entschieden die Vereinten Nationen, dass alle Staaten in das UN-System eingebunden sein sollten, um so eine Möglichkeit der Einwirkung auf ihr Verhalten zu haben. Das ermöglichte auch Staaten wie Nordkorea die Mitgliedschaft.

▶ Mitgliedsstaaten übernehmen Verpflichtungen.

Die Staaten müssen die Verpflichtungen übernehmen, die sich aus der UN-Charta ergeben. Damit ist in erster Line die Achtung der sieben Grundprinzipien des Völkerrechts gemeint: die souveräne Gleichheit, Nichteinmischung in die inneren Angelegenheiten,

das Gewaltverbot, die friedliche Zusammenarbeit, die friedliche
Streitbeilegung, die Vertragstreue sowie die Selbstbestimmung.
Diese Grundprinzipien finden sich in Art. 1 und 2 der UN-Charta.

(1) Nach der *souveränen Gleichheit* der Staaten sind diese nicht
mehr absolut souverän, sondern an die *ius cogens* (zwingenden)
Regeln des Völkerrechts gebunden. Diese Regeln wurden völker-
gewohnheitsrechtlich akzeptiert und können durch die einzelnen
Staaten nicht aufgehoben werden, sondern nur durch eine Norm,
die durch die Staatengemeinschaft angenommen wird und den gleichen rechtlichen Charakter besitzt wie die zu ändernde Norm. Die
juristische Gleichheit der Staaten kommt darin zum Ausdruck, dass
in der Generalversammlung jeder Staat – unabhängig von seiner
Größe sowie seiner wirtschaftlichen und militärischen Macht – eine
Stimme hat. Und jeder Staat hat ein gleiches Recht auf Sicherheit.
Rechtlich findet dies seine Umsetzung in dem Recht jedes Staates,
jede ihn betreffende internationale Frage auf die Tagesordnung der
Generalversammlung zu setzen oder, wenn Sicherheit und Frieden
betroffen sind, zu beantragen, den Sicherheitsrat mit dem Thema zu
befassen. Hier zeigt sich einmal mehr, dass die Vereinten Nationen
den weltweiten Frieden durch gemeinsames Handeln zu sichern
haben. Natürlich spielt die wirtschaftliche und militärische Macht
eine wichtige Rolle in einem universellen System kollektiver Sicherheit. Dieses kann nämlich nur wirksam werden, wenn es zumindest
alle „starken" Staaten einschließt. Diese Erkenntnis resultiert aus
dem Scheitern des Völkerbundes, der den Zweiten Weltkrieg nicht
verhindern konnte. Ein Grund dafür liegt in dem Umstand, dass
dieses Sicherheitssystem niemals alle Großmächte der damaligen
Zeit einschloss. Die Sowjetunion trat bei, als Deutschland austrat.
Japan verließ die Organisation, nachdem es China überfallen
hatte. Der US-Präsident Woodrow Wilson hatte die Schaffung des
Völkerbundes zwar angeregt, aber sein Nachfolger war an dem

Projekt nicht interessiert, so dass die USA niemals beitraten. Diese historische Erfahrung vor Augen haben sich die Gründungsväter der Vereinten Nationen darauf geeinigt, den fünf Siegermächten des Zweiten Weltkrieges einen speziellen Status einzuräumen. Sie bekamen im wichtigsten UN-Organ, dem Sicherheitsrat, ein Vetorecht. Dieses Recht soll sicherstellen, dass Staaten, die selbst so groß wie Kontinente sind und über enorme Ressourcen verfügen, sich in das universelle System kollektiver Sicherheit einfügen. Das System ist nicht falsch, entspringt es doch der Erkenntnis, dass der Weltfrieden nicht gegen Großmächte gesichert werden kann, sondern nur mit ihnen. Falsch ist allerdings, dass die Großmächte dieses System nicht – wie zugesagt – im Interesse des Weltfriedens genutzt haben, sondern vielfach zur Durchsetzung ihrer nationalen Interessen. Damit haben sie die UN-Charta verletzt und einem System kollektiver Sicherheit zuwider gehandelt. Der Sonderstatus der fünf Großmächte, die permanente Mitglieder im Rat sind, war historisch sicher gerechtfertigt. Mittlerweile hat sich die Kräftekonstellation auf der Welt aber grundlegend verändert und muss sich auch in der Struktur des Sicherheitsrates widerspiegeln. So ist es nicht mehr hinnehmbar, dass ein ganzer Kontinent, Afrika, überhaupt nicht als ständiges Mitglied im Rat repräsentiert ist. Dasselbe trifft auf Indien, das mittlerweile mehr als eine Milliarde Menschen repräsentiert, und Lateinamerika zu. Und schließlich sollten auch die größten Geldgeber der Vereinten Nationen bei der Entscheidungsfindung im Rat permanent beteiligt werden. Kurzum, das UN-System bedarf unstreitig der Reform, um tatsächlich den Anforderungen an ein zeitgemäßes System kollektiver Sicherheit gerecht zu werden. Strittig ist allerdings der Weg, wie dies erreicht werden kann. Dabei fällt auf, dass nicht die fünf Großmächte die Reform verhindern, sondern dass die fünf UN-Regionalgruppen sich bislang noch nicht auf Kandidaten einigen konnten, weil nationale Egoismen dies verhinderten.

(2) Das zweite Prinzip umfasst die *Nichteinmischung in die inneren Angelegenheiten* der Staaten. So bestehen die Vereinten Staaten aus souveränen Staaten, die lediglich einige Kompetenzen im Bereich der Friedenssicherung an das kollektive Sicherheitssystem abgegeben haben. Das kommt in Art. 2 (7) deutlich zum Ausdruck. Die den Vereinten Nationen zugesprochen Kompetenzen beziehen sich vor allem auf die im Kapitel VII UN-Charta angesprochenen Situationen der Friedensbedrohung und der Friedensverletzung. Nur dann kann der Sicherheitsrat Zwangsmaßnahmen gegen den Friedensstörer ergreifen, um den internationalen Frieden wiederherzustellen. Alle anderen Gebiete der staatlichen Hoheitsausübung sind so lange eine innere Angelegenheit, bis sie durch einen völkerrechtlichen Vertrag oder durch Völkergewohnheitsrecht zu einem Feld internationaler Zusammenarbeit werden. Dann werden ursprünglich innerstaatliche Angelegenheiten zu zwischenstaatlichen und ein völkerrechtsgemäßes Verhalten kann durch alle Rechtsbeteiligten eingefordert werden. Ein gutes Beispiel dafür, wie eine ursprünglich nationale Angelegenheit internationalisiert wurde, sind die Menschenrechte. Sie wurden durch die UN-Charta, die Allgemeine Erklärung der Menschenrechte und durch weithin akzeptierte Menschenrechtsverträge zu einem Feld weltweiter Zuständigkeit.

(3) Das *Gewaltverbot* ist die zentrale Bestimmung des modernen Völkerrechts. Dazu ist es erst im letzten Jahrhundert geworden, noch bis 1928 gehörte das Recht, zum Kriege zu schreiten, zum Kernbestand des Völkerrechts. Es bedurfte nur eines „guten" Kriegsgrundes, der 1870 zum Beispiel mit dem Erbfolgestreit zwischen Preußen und Frankreich bezüglich des spanischen Königshauses gegeben war. Selbst das Gemetzel des Ersten Weltkrieges führte 1919 nicht dazu, dass das der Friedenssicherung verpflichtete System des Völkerbundes die Gewaltanwendung in den interna-

tionalen Beziehungen verbot. Erst der Briand-Kellogg-Pakt von
1928 bestimmte eindeutig, dass die militärische Gewaltanwendung kein Mittel der internationalen Politik zur Durchsetzung
nationaler Interessen sein darf. Das ganz Erstaunliche ist, dass
dieser ursprünglich bilaterale Vertrag zwischen Frankreich und
den USA auf so große weltweite Zustimmung stieß, dass er letztlich multilateral und von allen wichtigen Mächten der damaligen
Zeit ratifiziert wurde. Damit gelang den Autoren ein historischer
Durchbruch. Gleichwohl konnte der Vertrag den Ausbruch des
Zweiten Weltkrieges nicht verhindern, weil das Deutsche Reich
eklatant dagegen verstieß (wofür die Nazi-Führung in Nürnberg
1946 auch zur Verantwortung gezogen wurde). Die Väter des
UN-Sicherheitssystems zogen auch aus dieser historischen Lehre
eine Konsequenz: Das Gewaltverbot bedarf angesichts seiner
grundlegenden Bedeutung bei der Friedenssicherung auch eines
Durchsetzungsmechanismus. Dieser wurde in der UN-Charta mit
dem Sicherheitsrat geschaffen. Dazu wurde er in den Stand versetzt,
gegen Friedensstörer vorzugehen, um ein der Charta entsprechendes
Verhalten zu erzwingen. Voraussetzung dafür ist, dass der Rat eine
Situation als eine Friedensbedrohung oder -verletzung einstuft
und dann mit zielgerichteten nichtmilitärischen Sanktionen, die
für alle Mitglieder des Sicherheitssystems verbindlich sind, vor-
geht. Sollten diese Sanktionen nicht erfolgreich sein, so kann der
Sicherheitsrat die Mitgliedsstaaten auffordern, ihm Truppen zu
Verfügung zu stellen, um gegen den Rechtsverletzer vorzugehen.
Sanktionen und die Anwendung militärischer Gewalt nach Kapitel
VII UN-Charta stellen keine Verletzungen des völkerrechtlichen
Gewaltverbots dar, sondern sind Instrumente der kollektiven
Friedensicherung; alle Mitglieder des Systems haben ihnen durch
ihren Beitritt zur Weltorganisation zugestimmt. Damit wurde
einem Vertrag ein förmliches Verfahren bei Friedensstörungen
vorgeschrieben. Seine Anwendung allerdings ist von politischen

Interessen der Großmächte abhängig, was immer wieder zur Kritik an den Vereinten Nationen führt. In der Tat gibt es weder für die Friedensbedrohung noch für den Friedensbruch Legaldefinitionen (vgl. Christakis und Bannelier 2015, S. 67ff.).

(4) Ein typisches Kennzeichen des UN-Systems kollektiver Sicherheit ist die Verpflichtung aller Mitgliedsstaaten zur *friedlichen Zusammenarbeit* zum gegenseitigen Vorteil. Der dahinterstehende Gedanke ist offensichtlich: Je mehr Staaten vorteilhaft zusammenarbeiten, desto mehr haben sie Interesse an friedlichen Verhaltensweisen, um diese Beziehungen nicht zu gefährden. Gleichwohl sind die rechtlichen Konturen dieser Verpflichtung noch recht schwammig, denn in der Tat können Staaten nicht zur Zusammenarbeit gezwungen werden. Eine Tendenz ist allerdings unübersehbar: Das Völkerrecht entwickelt sich von einem Recht der Souveränität zu einem Recht der Solidarität. Diese Entwicklung ist zwangsläufig, da die globalen Herausforderungen nicht mehr durch einzelne Staaten, sondern nur noch gemeinsam bewältigt werden können. Folglich haben die Vereinten Nationen als Sicherheitssystem – und Sicherheit ist im Zeitalter der Atomwaffen nicht mehr national zu erreichen – einen großen Anteil an der Eindämmung dieser Waffensysteme. Der Nichtweitergabevertrag ist Ausdruck dieser erfolgreichen Politik und die Vereinten Nationen versuchen, mit Sanktionen gegen Iran den Vertrag durchzusetzen. Weitere Beispiels seien genannt: Das Regime gegen die Ausbeutung der Schätze der Tiefsee verbietet die einseitige Aneignung durch die Industriestaaten. Das Regime der Nutzung des geostationären Orbits verpflichtet die Staaten, die Platzierung von Satelliten durch die Weltfernmeldeorganisation genehmigen zu lassen. Dabei sind alle Staaten gleichberechtigt zu behandeln. Zu nennen ist weiterhin das Pariser Klimaschutz-Abkommen, das ebenfalls dem Gedanken der Solidarität verpflichtet ist. Selbst wenn es

Rückschläge bei der Schaffung eines Völkerrechts der Solidarität gibt, so sind die objektiven Zwänge auf diesem Gebiet nicht zu übersehen und ein System kollektiver Sicherheit muss sich diesen Erfordernissen stellen.

(5) Wo Menschen zusammenleben, kommt es auch zu Konflikten. Deshalb verpflichtet die UN-Charta die Mitgliedsstaaten zur *friedlichen Streitbelegung* und nennt ausdrücklich diplomatische und juristische Mittel. Erstere sind die am häufigsten zur Anwendung kommenden Verhandlungen, in denen die unterschiedlichen Standpunkte diskutiert und Lösungen gefunden werden sollen. Qualifizierte Formen der diplomatischen Mittel sind die Guten Dienste und die Mediation. Darunter wird verstanden, dass ein dritter Akteur die Konfliktparteien zusammenbringt und eine Diskussion ermöglicht. Bei der Mediation geht die Rolle der dritten Partei noch weiter, denn sie unterbreitet eigene Vorschläge zur Konfliktlösung. Ein System kollektiver Sicherheit bietet ideale Möglichkeiten zur Beilegung von Konflikten mit diplomatischen Mitteln. Die Staatenvertreter sind ohnehin am Sitz des Systems vertreten und können dem Streitgegner direkt gegenübertreten. Mehr noch, in Generaldebatten müssen sie sich die Argumente der jeweils anderen Seite anhören und dazu Stellung beziehen. Wenn keine diplomatischen Beziehungen bestehen, ist das oftmals die einzige Möglichkeit der Begegnung. Dies war beispielsweise über lange Zeit in den Beziehungen zwischen Kuba und den USA der Fall. Neben den diplomatischen Mitteln gibt es noch die juristischen Mittel der Streitbeilegung. Das UN-System kollektiver Sicherheit hat dafür ein eigenes Organ geschaffen, den Internationalen Gerichtshof (IGH). Dieser besteht aus 15 durch die Generalversammlung für einen Zeitraum von neun Jahren gewählten Richtern, die die verschiedenen Rechtssysteme der Welt repräsentieren. Der Gerichtshof kann Streitfälle durch ein Urteil lösen oder Gutachten zur

Rechtfragen erstellen. Seine Urteile sind verbindlich. Werden sie nicht befolgt, kann die in ihren Rechten verletzte Partei den Fall vor den Sicherheitsrat bringen. Allerdings ist der alte Rechtsgrundsatz zu berücksichtigen, dass ein Gleicher nicht über einen Gleichen zu Gericht sitzen kann. Anders als im nationalen Recht sind Staaten nicht *per se* dem Recht unterworfen, so dass kein Über- und Unterordnungsverhältnis besteht. Folglich kann kein Staat einen anderen Staat verklagen, ohne dass dieser zugestimmt hat. Diese Zustimmung kann entweder explizit für einen Fall oder generell erklärt werden. Auch kann die Zuständigkeit zur Streitschlichtung durch den IGH in einem Vertrag vorgesehen sein. Voraussetzung für die gutachterliche Tätigkeit des IGH ist die offizielle Anfrage eines UN-Organs. Das mit Stimmenmehrheit erstellte Gutachten spiegelt dann die Meinung der Richter wider und ist rechtlich nicht verbindlich. Es hat aber enorme Bedeutung für die Auslegung des Rechts, wie das Gutachten über die Rechtmäßigkeit von Atomwaffen zeigt. Hier kamen die Richter mit großer Mehrheit zu der grundsätzlichen Einschätzung, dass die Anwendung von Atomwaffen mit dem Kriegsvölkerrecht nicht zu vereinbaren ist.

(6) In einem engen Zusammenhang zur friedlichen Streitschlichtung steht der Grundsatz der *Vertragstreue* (*pacta sunt servanda*). Verletzt ein Mitgliedsstaat seine Verpflichtungen, so stehen ihm alle rechtstreuen Staaten gegenüber und können ein rechtstreues Verhalten verlangen, ohne dass das eine Einmischung in innere Angelegenheiten darstellt. Dies erfolgt in der Form einer Resolution der Generalversammlung. Betrifft die Rechtsverletzung eine „wichtige" Frage – und Friedensfragen sind wichtige Fragen –, so bedarf es einer Zwei-Drittel-Mehrheit der an der Abstimmung teilnehmenden und anwesenden Staaten. Eine solche Resolution der Generalversammlung ist rechtlich nicht bindend, aber gleichwohl von großer politischer Bedeutung. Staaten, die an ihrer Reputation

als geachtetes Mitglied des Sicherheitssystems interessiert sind, werden zu einem rechtstreuen Verhalten zurückkehren. Die Generalversammlung folgt dem Prinzip *name and blame*, ein Verfahren, das in den internationalen Beziehungen weithin gepflegt wird. Die Reaktion der Staatengemeinschaft auf eine Rechtsverletzung muss verhältnismäßig sein. Daher kennt auch das System der Vereinten Nationen differenzierte Verfahrensweisen je nach der Schwere des Rechtsbruchs. Ist das zentrale Schutzgut des Sicherheitssystems – der Frieden – betroffen, so kann sich auch der Sicherheitsrat mit dem Fall beschäftigen. Voraussetzung ist, dass ein Mitgliedsstaat oder der UN-Generalsekretär den Sachverhalt auf die Agenda des Rates setzt. Dann muss der Rat entscheiden, ob eine Friedensbedrohung vorliegt. In diesem Falle muss er Maßnahmen ergreifen, um den Frieden wiederherzustellen. Diesbezügliche Resolutionen, die unter Kapitel VII UN-Charta angenommen wurden, sind rechtsverbindlich und können durch Sanktionen erzwungen werden (vgl. Krisch 2012, S. 1273ff.). Nicht vorgesehen ist der Ausschluss eines Mitgliedsstaates. Das entspricht dem Gedanken eines Systems kollektiver Sicherheit. Es macht keinen Sinn, einen Rechtsverletzer aus dem System zu verdammen und ihn seine Rechtsverletzungen fortsetzen zu lassen. Vielmehr ist er mit allen dem System zur Verfügung stehenden Rechtsmitteln zu einem rechtstreuen Verhalten anzuhalten und gegebenenfalls auch zu zwingen. Dafür stehen dem Sicherheitsrat hinreichende Mittel zur Verfügung. Allerdings stellt sich in diesem Zusammenhang die Frage nach der Glaubwürdigkeit eines Sicherheitssystems. Diese kann nur erreicht werden, wenn die Staaten, die für die Einhaltung der Regeln die Hauptverantwortung tragen, sich ebenfalls rechtstreu verhalten. Gerade Konflikte wie die in Syrien zeigen, dass ein System kollektiver Sicherheit nur so gut sein kann, wie die für die Einhaltung der Grundregeln verantwortlichen Staaten ihrer Aufgabe gerecht werden.

(7) Die *Selbstbestimmung* und Gleichberechtigung der Völker nimmt im Katalog der völkerrechtlichen Pflichten der Staaten eine Sonderstellung ein, denn hier spricht die UN-Charta nicht von einem Recht, sondern von einem Prinzip. Hinzu kommt, dass die von diesem Prinzip erfassten Einheiten nicht die Staaten, sondern die Völker sind. Einen rechtlichen Charakter hat die Selbstbestimmung der kolonial unterdrückten Völker erst durch Völkergewohnheitsrecht erlang, und zwar im Rahmen der Dekolonisierung. Erst im Zusammenhang mit der Kodifizierung der Menschenrechte wurde 1966 auch das Selbstbestimmungsrecht aller Völker festgeschrieben. Die Dekolonisierung gehört zu den Erfolgsgeschichten der Vereinten Nationen, denn sie ermöglichte mehr als 100 Völkern, sich einen eigenen Staat zu schaffen. Heute gibt es noch zwei Völker ohne eigenen Staat, deren Anspruch auf Selbstbestimmung durch die Vereinten Nationen anerkannt wurde: die Palästinenser und das Volk von Westsahara.

3   Schlussbemerkung

Die Festlegung, dass nur Staaten Mitglied im UN-System kollektiver Sicherheit sein können, belegt den „altmodischen" Charakter der Vereinten Nationen, denn heute sind nicht nur Staaten einflussreiche Akteure auf der internationalen Ebene. Zu nennen sind hier vor allem andere internationale zwischenstaatliche Organisationen, Völker und nichtstaatliche Organisationen. Diese Schwäche wurde insbesondere während des Dekolonisierungsprozesses deutlich, so dass seinerzeit das Rechtsinstitut des „Beobachters in der Generalversammlung" geschaffen wurde. Die Generalversammlung lud die von der *Organization for African Union* (OAU) anerkannten Befreiungsbewegungen ein, an ihren Versammlungen teilzunehmen und die Interessen ihrer Völker zu vertreten. In ähnlicher Weise ist

die EU heute in der Generalversammlung vertreten. Die Palästinenser waren ebenfalls durch ihre Befreiungsbewegung vertreten,
bis ihr Status schließlich angehoben wurde, so dass sie heute den
Rang eines Nichtmitgliedsstaats-Beobachters haben (vgl. Editorial
2013, S. 1). Hinsichtlich der Abrüstung, Menschenrechte und der
Friedenssicherung sind Hunderte von nichtstaatlichen Organisationen an der Arbeit der Weltorganisation zumindest indirekt
beteiligt. Deren Bereitschaft, sich „einzumischen", nimmt vor dem
Hintergrund des Anwachsens nationalistischer Strömungen in
vielen Staaten und der Handlungsunfähigkeit des Sicherheitsrates
sogar noch zu. Zu begrüßen ist, dass sich nichtstaatliche Akteure
wie NGOs und Kirchen, aber auch die Wissenschaft kritisch äußern
und die Einhaltung der vereinbarten Regeln durch alle beteiligten
staatlichen Akteure fordern.

Hier schließt sich der Kreis, denn schon Kant wollte mit seiner
Institutionalisierung der Friedensordnung kooperative gegenüber
konfrontativer Verhaltensweisen stärken. Er wollte die Fürsten
und Staaten in eine gemeinsame Rechtsordnung einbinden, was
dem Weltbild von 1795 entsprach. Heute besteht mit den Vereinten Nationen ein System kollektiver Sicherheit, das weit über die
Kant'schen Vorstellungen hinausgeht. Zwar ist es eine klassische
Staatenorganisation, die nur so friedensfördernd tätig werden
kann, wie die Staaten dies beschließen. Aber die Organisation
unterliegt einer wachsamen Kontrolle durch die Zivilgesellschaft,
die nicht müde wird, die Staaten an das zu erinnern, was sie im
Gründungsvertrag, der Charta, versprochen haben. Sie müssen
zukünftige Generationen vor der Geißel des Krieges bewahren.
Die Friedensdenkschrift der EKD erinnert die Politik an diese
staatliche Verpflichtung und listet zugleich anstehende Aufgaben
zur weiteren Friedenssicherung auf, die von der Verfestigung kollektiver Sicherheit, der Zusammenarbeit der Staaten, der Abrüstung
und der menschlichen Sicherheit reichen. Die EKD wird damit

als wesentlicher zivilgesellschaftlicher Akteur und dem Auftrag zur Bewahrung der Schöpfung gerecht. Angesichts zunehmender Spannungen zwischen den Staaten und wachsendem Nationalismus ist die Friedensdenkschrift von 2007 heute aktueller denn je.

Literatur

Bennouna, Mohamed. 1941. Atlantic Charter. In *Max Planck Encyclopedia of Public International Law*. http://www.mpepil.com. Zugegriffen: 30. Mai 2018.

BICC, HSFK, IFSH, INEF (Hrsg.). 2018. Friedensgutachten 2018. Kriege ohne Ende. Mehr Diplomatie – weniger Rüstungsexporte. Münster: LIT.

Brock, Lothar. 2016. Wozu brauchen wir heute die Vereinten Nationen? Bilanz und Perspektiven der Weltorganisation. http://www.bpb.de/apuz/222189/wozu-brauchen-wir-heute-die-vereinten-nationen?p=all. Zugegriffen: 30. Mai 2018.

Christakis, Theodore und Karine Bannelier. 2015. Maintenance and Restauration of International Peace and Security by Means of Force. In *100 Years of Peace Through Law: Past and Future*, hrsg. von Andreas von Arnauld, Nele Matz-Lück und Kerstin Odendahl, 67–104. Berlin: Duncker & Humblot.

Editorial. 2013. Differentiated Statehood? „Pre States"? Palestine. *European Journal of International Law* 24 (1): 1–11.

Evangelische Kirche in Deutschland (EKD). 2007. Aus Gottes Frieden leben – für gerechten Frieden sorgen. Eine Denkschrift des Rates der Evangelischen Kirche in Deutschland. Gütersloh: Gütersloher Verlagshaus.

Heintze, Hans-Joachim. 2014. Der völkerrechtliche Status der Krim und ihrer Bewohner. *Die Friedens-Warte* 89 (1-2): 153–179.

Ipsen, Knut. 2014. *Völkerrecht*. 6. Aufl. München: C.H. Beck.

Jäger, Sarah und Ines-Jacqueline Werkner (Hrsg.). 2018. *Gewalt in der Bibel und in kirchlichen Traditionen*. Wiesbaden: Springer VS.

Kant, Immanuel. 2013 [1795]. Zum ewigen Frieden. Ein philosophischer Entwurf. Stuttgart: Reclam.

Krisch, Nico. 2012. Chapter VII. In *The Charter of the United Nations. A Commentary*, hrsg. von Bruno Simma, Daniel-Erasmus Khan, Georg Nolte und Andreas Paulus, 1237–1254. 3. Aufl. Oxford: Oxford University Press.

Schmalenbach, Kirsten. 2012. Article 1. In *Vienna Convention on the Law of Treaties*, hrsg. von Oliver Dörr und Kirsten Schmalenbach, 19–26. Heidelberg: Springer.

Schulz, Raimund. 2008. Augustinus und die Vorstellung vom „gerechten Krieg". In *Kriegsbegründungen: Wie Gewaltanwendung und Opfer gerechtfertigt werden sollten*, hrsg. von Hans-Joachim Heintze und Annette Fath-Lilic, 11–20. Berlin: Berliner Wissenschafts-Verlag.

Gerechtigkeit, Recht und Gewaltfreiheit – die Grundfeste einer europäischen Friedensordnung

Eine Synthese

Martina Fischer

Die Vereinten Nationen haben als System kollektiver Sicherheit bedeutsame völkerrechtliche Grundlagen und Übereinkünfte zur Friedenssicherung geschaffen. Sie stellen gegenüber ihrem Vorläufer, dem Völkerbund, einen deutlichen Fortschritt dar, wie der Beitrag von Hans-Joachim Heintze in diesem Band aufzeigt. Allerdings bedürfen sie dringender Reformen, um „den Anforderungen an ein zeitgemäßes System kollektiver Sicherheit" gerecht zu werden. Zugleich hat das System der Vereinten Nationen zusätzlich diverse Regionalorganisationen wie zum Beispiel die Organisation für Sicherheit und Zusammenarbeit in Europa (OSZE) generiert (hierzu der Beitrag von Heinz Gärtner in diesem Band).

Die Europäische Union wiederum, „selbst ein Kind des Krieges" (Ehrhart 2017), wurde vielfach, nicht zuletzt auch in der Friedensdenkschrift der EKD (2007) als „Friedensprojekt" charakterisiert. 2012 erhielt sie auch den Friedensnobelpreis. Die Römischen Verträge trugen maßgeblich zur Annäherung der ehemaligen Kriegsgegner bei. Die europäische Einigung verlief fortan „durch sektorale Integration im nicht-militärischen Bereich" (Ehrhart 2017), militärische Sicherheitspolitik blieb zunächst der NATO und

© Springer Fachmedien Wiesbaden GmbH, ein Teil von Springer Nature 2019
I.-J. Werkner und M. Fischer (Hrsg.), *Europäische Friedensordnungen und Sicherheitsarchitekturen*, Gerechter Frieden,
https://doi.org/10.1007/978-3-658-23920-6_9

ihren Mitgliedstaaten überlassen. Zu Beginn der 1990er Jahre kam es mit dem Maastrichter Vertrag zur Bildung der Europäischen Union. Der Vertrag von Lissabon von 2009 bildet schließlich den „vorläufigen Endpunkt eines friedlichen Integrationsprozesses souveräner Staaten, der weltweit beispiellos ist" (Ehrhart 2017). Diese Leistungen der EU, insbesondere ihr Beitrag zum Frieden durch Integration, rücken vor dem Hintergrund aktueller Zerfallserscheinungen (wie dem Brexit) in der Wahrnehmung bedauerlicherweise zusehends in den Hintergrund. Dennoch bleibt Friedenswahrung durch europäische Integration alternativlos. Es gilt, die aktuelle Krise zu überwinden und auch die EU Schritt für Schritt zu reformieren. Die Herausforderung besteht jedoch nicht nur darin, ihren inneren Zusammenhalt zu festigen, sondern gleichzeitig auch ihre internationale Friedensfähigkeit zu stärken und sie zu befähigen, einen angemessenen Umgang mit Spannungen und Wohlstandsgefällen in der Nachbarschaft zu finden.

Die Beiträge dieses Bandes zeigen eine Reihe globaler Herausforderungen und Friedensgefährdungen auf. In der Einleitung beschreibt Ines-Jacqueline Werkner das bedrohliche „Säbelrasseln" und den Rückfall in ein „Denken nuklearer Eskalationsdominanz", das sich zwischen den Großmächten USA und Russland entwickelt (und – so lässt sich hinzufügen – in dessen Windschatten weitere regionale Mächte ihre Chancen für die Teilnahme an Rüstungswettläufen ergreifen). Dazu kommen Gewaltkonflikte in der MENA-Region und der Krieg in Syrien, der sich zu einem Stellvertreterkrieg zwischen östlichen, westlichen und arabischen Mächten entwickelte, sowie offene und eingefrorene Konflikte in und um Europa, etwa in der Ukraine, im Kaukasus und im westlichen Balkan. Auf die Frage, wie diese eingehegt und konstruktiv bearbeitet werden können, geben die hier zusammengestellten Beiträge keine eindeutigen Antworten im Sinne klar umrissener Politikempfehlungen, sondern eher konzeptionelle Denkanstöße.

Die meisten Autoren gehen davon aus, dass kooperative Sicherheitssysteme und Interaktion geeigneter sind, gewaltsame Eskalationen von Konflikten zu vermeiden, als Abschottung oder Konfrontation. Eine Ausnahme bildet der Beitrag von Matthias Dembinski zum pluralen Frieden, der sich vorstellen kann, dass unter bestimmten Umständen Dissoziation („gelungene Abgrenzung") einen Frieden im engen Sinne der Abwesenheit von Gewalt eher sichern kann als eine intensivierte Kooperation, zum Beispiel wenn sich Wertekonflikte als zu tiefgehend erweisen oder wenn Strategien der Kooperation und Annäherung versucht wurden und offenkundig gescheitert sind. Allerdings fehlt es bislang an empirischen Untersuchungen, die diese Annahme erhärten.

Einleitend analysiert Sabine Jaberg die begriffslogischen Unterschiede zwischen einer Friedenslogik und Sicherheitslogik. Sie kommt zu dem Schluss, dass eine Friedenslogik erhebliche Vorzüge gegenüber einer Sicherheitslogik besitzt, wobei beide Konzepte in bestimmter Hinsicht auch Potenziale für eine Annäherung entfalten können. Das Denken in Sicherheitskategorien führt dazu, sich vornehmlich „für den Fall der Konfrontation" zu wappnen, Gefahren abzuwehren, und tendiert zur Konflikteskalation. Um das zu vermeiden, sollte eine „friedensverträgliche Sicherheit" konzipiert und in ein „partnerverträgliches Bezugssystem eingeordnet werden". Wer sich dem Thema so nähere, denke vom Frieden und nicht von der Ausnahme (der gewaltsamen Konfrontation) her. Das setzt voraus, dass „Bumerang-Effekte" vermieden und Handlungen unterlassen werden, die sich gegen einen selbst richten könnten (zum Beispiel Waffenhilfe), und dass auf eine extensive *securitization* von unterschiedlichen Politikfeldern zugunsten eines engen Sicherheitsbegriffs verzichtet wird. Aus diesem Beitrag nehmen wir mit, dass es „einen Unterschied macht, ob Frieden aus einer Sicherheitsperspektive zugerichtet oder Sicherheit aus einer Friedensperspektive entfaltet wird". Ein starker Frieden verlangt nach

Einschätzung der Autorin, „Gewaltfreiheit als unhintergehbares Dogma zu begreifen".

In diesem Kontext sei auch an die *Charta Oecumenica* der Konferenz Europäischer Kirchen (KEK 2001) erinnert: „Wir engagieren uns für eine Friedensordnung auf der Grundlage gewaltfreier Konfliktlösungen." Kürzlich hat die KEK (2018, S. 2) diese Sichtweise bekräftigt und ergänzt:

> „Selbst in aussichtslos erscheinenden Situationen, in denen Gewalt so allgegenwärtig ist, dass Forderungen, ihr mit weiterer Gewalt zu begegnen, seitens der Opfer und auch bei uns selbst laut werden, beharren wir auf dem Einsatz gewaltloser Mittel gegenüber jedem Menschen."

Die Beiträge von Pascal Delhom über die Rolle des Vertrauens für eine Sicherheitspolitik der Kooperation und Ines-Jacqueline Werkner zur gemeinsamen Sicherheit weisen beide auf eine grundlegende Voraussetzung für friedliche internationale Beziehungen hin: die Fähigkeit, die eigenen Sicherheitsbedürfnisse nicht absolut zu setzen, sondern auch die Bedürfnisse und Interessen des anderen mit zu berücksichtigen. Beide Texte betonen die Notwendigkeit der Vertrauensbildung und auch der Erwartungsverlässlichkeit, die eine Grundvoraussetzung für kooperative (also nicht konfrontative) Formen des Umgangs zwischen Staaten in sicherheitspolitischen Fragen bilden. Das Konzept der gemeinsamen Sicherheit hat, wie Werkner aufzeigt, während des Ost-West-Konflikts wesentlich zur Entspannung und Vertrauensbildung in Deutschland und Europa beigetragen. Eine Renaissance wäre in der aktuellen Situation wünschenswert. Allerdings ist noch nicht ausgemacht, wie man es von einer bipolaren auf eine multipolare Weltordnung oder auf das spannungsvolle Verhältnis zwischen den USA, der EU und Russland übertragen kann. Delhom wiederum zeigt auf, dass Vertrauen, das man in die andere Seite setzt, immer ein Wagnis darstellt, weil es sich auf eine „doppelte Asymmetrie" gründet. Manchmal kann es sogar mit erheblichen einseitigen Vorleistungen verbunden sein. Ein prominentes Beispiel dafür war die Entscheidung von Michael Gorbatschow für den bedingungslosen Rückzug aller Mittelstreckenraketen von Europa 1997. Allerdings bleibe es aus friedenspolitischer Sicht notwendig, dieses Wagnis einzugehen. Aus den Beiträgen dieses Bandes lassen sich drei Thesen ableiten, die nachstehend entfaltet werden sollen.

1 Empathiefähigkeit – Voraussetzung für eine solidarische Politik und menschliche Sicherheit

Den Kategorien Vertrauen und Kooperation ist in Anlehnung an Dieter Senghaas eine dritte – die Empathie – hinzuzufügen. Im Kontext seines zivilisatorischen Hexagons[1] sieht er in der Empathiefähigkeit eine wesentliche Voraussetzung für einen zivilisierten Umgang mit Konflikten in der Staaten- und Gesellschaftswelt. Diese finde statt, wenn kollektive Akteure ihre inneren und externen Konflikte ohne Rückgriff auf Gewalt erfolgreich bewältigen (Senghaas, 1995, S. 37). Das erfordere die Bereitschaft zur kompromissorientierten Konfliktfähigkeit und die Fähigkeit, sich in andere hineinzuversetzen. Der Beitrag zur EU-Politik von Martina Fischer in diesem Band zeigt auf, dass die EU im Politikfeld „Entwicklung, Sicherheit und Migration" Empathie zunehmend vermissen lässt. Empathiefähigkeit aber wäre eine zentrale Voraussetzung für eine Politik, die nicht nur Sicherheitsinteressen der Union und ihrer Mitgliedstaaten im Blick hat, sondern auch den Sicherheitsanspruch

---

1 Dieses besteht aus den Komponenten Gewaltmonopol, Rechtsstaatlichkeit, demokratische Partizipation, soziale Gerechtigkeit, Interdependenzen und Affektkontrolle sowie konstruktive Konfliktkultur.

von Menschen in den angrenzenden Regionen mitzudenken bereit ist. Die EU, die als Friedensprojekt mit „liberalem" Anspruch antrat, verrät im Zuge einer Politik der Abschottung und Grenzverlagerung die Schutzverantwortung gegenüber Geflüchteten und damit auch die liberalen Normen. Und auch dem Anspruch eines gerechten Friedens läuft diese Politik zuwider, solange sie sich nicht bereit und in der Lage sieht, den afrikanischen Ländern gegenüber faire Handelsbeziehungen und eine veränderte Agrarpolitik zu etablieren und stattdessen zur Verwirklichung eigener migrationspolitischer Interessen Gewaltapparate ausrüstet, die Menschenrechte mit Füßen treten – mit dem Effekt, dass sich die EU zunehmend von einer Friedenslogik verabschiedet und von einer Sicherheitslogik leiten lässt. In diesem Zusammenhang verdient die Aussage von Delhom in diesem Band Beachtung:

> „Der Schutz vor Gewalt und Verletzungen ist ohne Zweifel eine der wichtigsten Aufgaben jeder Friedens- und Sicherheitspolitik. Denn kein Frieden kann von Dauer sein, in dem ein solcher Schutz nicht gewährleistet wird und in dem sich Menschen vor anderen Menschen fürchten müssen. Dies gilt umso mehr für eine Auffassung des gerechten Friedens, die nicht nur vor Gewalt, sondern auch vor Not zu schützen beansprucht."

Ähnlich auch die Schlussfolgerung von Jaberg: Ihrer Beobachtung nach „war der Schutzgedanke doch lange im Friedensbegriff aufgehoben, ehe er sich im Sicherheitsbegriff verselbständigt hatte. Aus Sicht der Friedenslogik geht es also darum, den schlichten Schutzgedanken wieder einzufangen und im eigenen Modus durchzuarbeiten."

Diese Erkenntnis findet sich in anderer Formulierung auch in der EKD-Friedensdenkschrift von 2007 mit der Verknüpfung von Frieden und Recht/Gerechtigkeit sowie menschlicher Sicherheit. In der christlichen Ethik sind Frieden und Gerechtigkeit untrennbar miteinander verbunden. Gerechtigkeit wird nicht nur als Norm, sondern auch als „Kategorie einer sozialen Praxis der Solidarität" verstanden, die sich „vorrangig den Schwachen und Benachteiligten zuwendet" und sich „im Gebot der Nächsten-, ja Feindesliebe" erfüllt (EKD 2007, Ziff. 77). Gerechtigkeit bildet demnach eine „Tugend" und eine „personale Qualität und Haltung". Mit Blick auf die aktuelle Politik der EU und ihrer Mitgliedstaaten in den Bereichen Migration, Entwicklungs- und Sicherheitspolitik könnte man hinzufügen: Eine glaubwürdige Politik im Sinne eines gerechten Friedens benötigt Empathie, damit überhaupt Normen wie Solidarität und Gerechtigkeit ausgebildet und auf dieser Grundlage Maßnahmen für Gewaltprävention, die Bewältigung von Fluchtursachen und die Schutzverantwortung für von Krieg und Zerstörung betroffenen Menschen ausgebildet werden können.

Zu den Grundelementen des christlichen Verständnisses vom gerechten Frieden gehören der Schutz vor Gewalt, ein Leben in Würde, die Förderung der Freiheit, der Abbau von Not und das Recht. Die EKD-Denkschrift versteht Frieden als gesellschaftlichen Prozess abnehmender Gewalt und zunehmender politischer und sozialer Gerechtigkeit (EKD 2007, Ziff. 80). Gerechter Frieden in der globalisierten Welt setze „den *Ausbau einer Rechtsordnung*" voraus, die „dem *Vorrang ziviler Konfliktbearbeitung* verpflichtet" sei und „die Anwendung von Zwangsmitteln an strenge ethische und völkerrechtliche Kriterien binden" müsse (EKD 2007, Ziff. 196, Hervorh. d. Verf.). Bedeutsam ist vor allem der Hinweis, dass staatliche Sicherheits- und Friedenspolitik von den Konzepten der menschlichen Sicherheit und menschlichen Entwicklung her gedacht werden muss (vgl. EKD 2007, Ziff. 197). Aus diesem Leitbild ergibt sich als politische Friedensaufgabe die Stärkung der Vereinten Nationen und ihrer Regionalorganisationen und die Zusammenarbeit mit nichtstaatlichen, zivilgesellschaftlichen Akteuren.

2   Ausbau der internationalen Rechtsordnung: Die Vereinten Nationen und ihre Regionalorganisationen stärken

Der Beitrag von Hans-Joachim Heintze in diesem Band kommt zu dem Schluss, dass sich die Ausführungen der Denkschrift zur Bedeutung der Vereinten Nationen für eine globale Friedensordnung weiterhin als relevant erweisen. Er analysiert sowohl die Erfolge als auch die Dilemmata und Begrenzungen des UN-Systems und liefert zahlreiche fundierte Argumente, mit denen man dem verbreiteten Trend zum „UN-bashing" entgegenwirken kann. Heintze erinnert daran, dass die UN-Charta die Mitgliedstaaten zur friedlichen Streitbeilegung verpflichtet und ausdrücklich diplomatische Wege (Gute Dienste und Mediation) und juristische Mittel dazu vorsieht. Sanktionen und militärische Zwangsmaßnahmen werden allenfalls als letztes Mittel – also im Ausnahmefall – in Erwägung gezogen. Bezüglich der – häufig kritisierten – Vetoposition der fünf ständigen Mitglieder des UN-Sicherheitsrats schlussfolgert Heintze:

> „Das System ist nicht falsch, entspringt es doch der Erkenntnis, dass der Weltfrieden nicht gegen Großmächte gesichert werden kann, sondern nur mit ihnen. Falsch ist allerdings, dass die Großmächte dieses System nicht – wie zugesagt – im Interesse des Weltfriedens genutzt haben, sondern vielfach zur Durchsetzung ihrer nationalen Interessen. Damit haben sie die UN-Charta verletzt und einem System kollektiver Sicherheit zuwider gehandelt. Der Sonderstatus der fünf Großmächte, die permanente Mitglieder im Rat sind, war historisch sicher gerechtfertigt. Mittlerweile hat sich die Kräftekonstellation auf der Welt aber grundlegend verändert und muss sich auch in der Struktur des Sicherheitsrates widerspiegeln."

So sei es auch nicht mehr hinnehmbar, dass ein ganzer Kontinent, nämlich Afrika, überhaupt nicht als ständiges Mitglied im

Rat repräsentiert sei, ebenso wenig wie Indien, das mehr als eine Milliarde Menschen repräsentiert, und Lateinamerika.

Trotz dieser Defizite besteht Heintze zufolge mit den Vereinten Nationen heute „ein System kollektiver Sicherheit, das weit über die Kant'schen Vorstellungen einer Friedensordnung hinausgeht". Es handele sich jedoch um „eine klassische Staatenorganisation, die nur so friedensfördernd tätig werden kann, wie die Staaten dies beschließen". Aber diese unterliege der Kontrolle durch die Zivilgesellschaft, die die Staaten an ihre Versprechen aus dem Gründungsvertrag, der Charta, stetig erinnere, „zukünftige Generationen vor der Geißel des Krieges [zu] bewahren".

Die Friedensdenkschrift der EKD erinnert an eben diese staatliche Verpflichtung und benennt konkrete politische Aufgaben zur globalen Friedenssicherung. Neben den Vereinten Nationen kommt auch deren Regionalorganisationen in der EKD-Denkschrift zentrale Bedeutung zu. Vor allem wird die Rolle der OSZE für eine europäische Friedensordnung ausführlich gewürdigt. Als eine von den Vereinten Nationen anerkannte Regionalorganisation nach Kapitel VIII der UN-Charta übernehme sie wichtige stabilisierende Funktionen im Krisenmanagement, so in der Frühwarnung, Wahlbeobachtung, Schaffung von Rechtsstaatlichkeit sowie im Kampf gegen Extremismus und organisiertes Verbrechen und im Aufbau von Polizei. In der Tat lieferte die OSZE seit Beginn der 1990er Jahre eindrucksvolle Beispiele für Gewaltprävention und zivile Konfliktbearbeitung, indem sie unter anderem die friedliche Loslösung der baltischen Länder von der ehemaligen Sowjetunion unterstützte. Hier kam ein breites Spektrum von *Soft Power*-Aktivitäten zum Einsatz (*fact finding*, vertrauensbildende Maßnahmen, Entsendung von Kurz- und Langzeitmissionen, runde Tische und Dialoge). Allerdings ist die OSZE mit einem vergleichsweise niedrigen Budget und kleinen Mitarbeiterstab ausgestattet, weshalb „die besonderen Stärken der OSZE im Zusammenwirken mit anderen

Organisationen [...] angemessene Beachtung finden und ausgebaut werden" müssen (EKD 2007, Ziff. 139). Die Mitgliedsstaaten der OSZE erstrecken sich von Vancouver bis Wladiwostok, und es ist ihr vielerorts in Osteuropa gelungen, unter Beteiligung politischer und zivilgesellschaftlicher Akteure die Regelung von Minderheitenrechten zu unterstützen. Auch in der Ukrainekrise kam ihr eine wichtige Funktion bei der Schaffung vertrauensbildender Maßnahmen und in der Rüstungskontrolle zu (siehe dazu den Beitrag von Heinz Gärtner in diesem Band). Die Kapazitäten der OSZE müssten im Rahmen einer europäischen Friedensordnung massiv ausgebaut werden, bildet sie – gemeinsam mit dem Europarat und der EU – einen wesentlichen Pfeiler für Frühwarnung und Nachkriegskonsolidierung. Auch die Verantwortung Europas sieht die Denkschrift untrennbar mit den Normen und Prinzipien der Vereinten Nationen verbunden (EKD 2007, Ziff. 139).

3   Zivile Ansätze der Krisenprävention und Friedenskonsolidierung auf EU-Ebene ausbauen

Die EKD-Synode hat in den vergangenen Jahren bedeutsame europapolitische Beschlüsse gefasst, die auf den Ausbau ziviler Krisenprävention und Friedensförderung zielen. Die 10. Synode in Würzburg schlug im November 2006 der deutschen Ratspräsidentschaft vor, alle Politikbereiche der EU darauf hin zu prüfen, „welche Bedeutung sie für ein integriertes Konzept der Krisenprävention und -bewältigung haben", die „Unabhängigkeit ziviler von militärischen Mitteln" zu gewährleisten und die „Kohärenz der Instrumente zur Krisenbewältigung" sicherzustellen (EKD 2006). Die EU-Kommission wurde aufgefordert, „den Aufbau und die Institutionalisierung eines effektiven Instruments zur Koordinierung der zivilen Mittel zügig voranzutreiben" (EKD 2006). Aktuell steht die Dynamik für den Ausbau dieser Instrumente weit hinter den Investitionen für militärische Zusammenarbeit zurück, wie der Beitrag von Martina Fischer in diesem Band verdeutlicht. Der Synodenbeschluss von 2006 bleibt daher höchst aktuell und sollte mit Blick auf die anstehenden Verhandlungen zum neuen „Mehrjährigen Finanzrahmen 2021–27" wieder auf die Agenda gesetzt werden. Wenn es nach der EU geht, soll bewährten Finanzierungsinstrumenten, die für die zivile Krisenprävention und Menschenrechtspolitik eingerichtet wurden, die Eigenständigkeit entzogen werden (Fischer 2018a, b). Europäische NGO-Netzwerke versuchen, dieser Dynamik entgegenzuwirken (CONCORD et al. 2018). Ihre Bemühungen müssen unbedingt durch Lobbyaktivitäten mit Blick auf Parlamente und Regierungen in den Mitgliedstaaten unterstützt werden. Gleichzeitig müssen die Vorschläge zum Ausbau ziviler Instrumente für Krisenprävention und Friedensförderung präzisiert und konkretisiert werden. Kirchliche Würdenträger und Hilfswerke können mit ihren Erfahrungen in der Friedensarbeit maßgeblich dazu beitragen, diese Diskussion vorzubereiten.

Literatur

CONCORD, EPLO, HRDN und NGO Voice. 2018. Gemeinsamer Brief der Europäischen NGO-Netzwerke zum Mehrjährigen Finanzrahmen der EU 2021–27 vom 28. Juni 2018. Brüssel. https://hrdn.eu/2017/wp-content/uploads/2018/06/CONCORD-EPLO-HRDN-VOICE-Joint-Letter-MFF-20062018.pdf. Zugegriffen: 27. August 2018.

Ehrhart, Hans-Georg. 2017. *Frieden durch Integration – 60 Jahre Römische Verträge. Stellungnahme vom 22.* März 2017. Hamburg: IFSH.

Evangelische Kirche in Deutschland (EKD). 2006. Beschlüsse der 10. Synode der EKD. Würzburg, 5.-9. November 2006. https://www.ekd. de/synode2006/beschluesse/1068.html. Zugegriffen: 27. August 2018.

Evangelische Kirche in Deutschland (EKD). 2007. *Aus Gottes Frieden leben – für gerechten Frieden sorgen. Eine Denkschrift des Rates der EKD*. Gütersloh: Gütersloher Verlagshaus.

Fischer, Martina. 2018a. EU-Topf für Nachbarschaft, Entwicklung und Globales, Blogbeitrag vom 2. Mai 2018. https://info.brot-fuer-die-welt. de/blog/eu-topf-nachbarschaft-entwicklung-globales. Zugegriffen: 27. August 2018.

Fischer, Martina. 2018b. EU-Finanzplanung gefährdet zivile Krisenprävention, Blogbeitrag vom 16. Juni 2018. https://info.brot-fuer-die-welt.de/ blog/eu-finanzplanung-gefaehrdet-zivile. Zugegriffen: 27. August 2018.

Konferenz Europäischer Kirchen (KEK). 2001. Charta Oecumenica, Guidelines for the Growing Cooperation Among the Churches in Europe. https://www.ceceurope.org/wp-content/uploads/2015/07/ ChartaOecumenica.pdf. Zugegriffen: 27. August 2018.

Konferenz Europäischer Kirchen (KEK). 2018. Erklärung des Ausschusses für öffentliche Angelegenheiten vom 5. Juni 2018. http://www.ceceurope.org/wp-content/uploads/2018/07/GEN_PUB_01_Public_Committee_Draft_Report_REVISED_2_Antje_DE.pdf. Zugegriffen: 27. August 2018.

Senghaas, Dieter. 1995. Hexagon-Variationen: Zivilisierte Konfliktbearbeitung trotz Fundamentalpolitisierung. In *Friedliche Konfliktbearbeitung in der Staaten- und Gesellschaftswelt*, hrsg. von Norbert Ropers und Tobias Debiel, 37–54. Bonn: SEF.

Oder: Eine Friedensordnung jenseits des liberalen Friedens

Ines-Jacqueline Werkner

„Friedenswahrung durch europäische Integration [bleibt] alternativlos" – so Martina Fischer in ihrer Synthese –, ungeachtet „aktueller Zerfallserscheinungen" der Europäischen Union. Damit schließt sie nahtlos an die Aussage der Friedensdenkschrift der EKD an. Lässt sich aber der in der EKD-Denkschrift vertretene Ansatz, wonach die Europäische Union „[m]it ihren Werten und Institutionen sowie dank gelungener Verrechtlichung und wirksamer Mechanismen der friedlichen Streitschlichtung [...] ein Modell für andere Regionen" sei und „einem freien Gesamteuropa immer näher" komme (EKD 2007, Ziff. 142), wirklich halten? Ist der liberale Frieden, auf dessen Prinzipien die Integration der EU beruht, alternativlos? Aktuelle Konfliktkonstellationen in Europa wie beispielsweise der Ukrainekonflikt scheinen eher die Gegenthese zu stützen:

► Institutionen des liberalen Friedens erweisen sich nur bedingt als friedensfähig. Insbesondere stoßen sie an ihre Grenzen im Umgang mit nicht-demokratischen Systemen.

© Springer Fachmedien Wiesbaden GmbH, ein Teil von Springer Nature 2019
I.-J. Werkner und M. Fischer (Hrsg.), *Europäische Friedensordnungen und Sicherheitsarchitekturen*, Gerechter Frieden,
https://doi.org/10.1007/978-3-658-23920-6_10

Die Gründung der Europäischen Gemeinschaft gehört ohne jeden
Zweifel zu einer der großen friedenspolitischen Errungenschaften;
aus ehemaligen Kriegsparteien wurden Partner. Das gelang aber
nur auf der Basis eines Wertekonsenses. So besaß die Europäische
Gemeinschaft auch nicht das Potenzial, die bipolaren Strukturen
des Kalten Krieges aufzulösen. Erst nach seinem Ende wurde es
möglich, mit der verfolgten Erweiterungspolitik die Transformationsprozesse in den mittel- und osteuropäischen Staaten in
Richtung Demokratie und Rechtsstaatlichkeit zu fördern. – Und
auch hier sind Rückschläge erkennbar. Aber bereits mit der Europäischen Nachbarschaftspolitik (ENP)[1] verfehlt die auf liberale
Prinzipien basierte Strategie der Europäischen Union ihr Ziel der
Friedenskonsolidierung. Die gescheiterte ENP mag den begrenzten Transformationsfähigkeiten der Länder, auch der fehlenden
Bereitschaft des Westens, die Kosten dieser Transformationsprozesse zu übernehmen, geschuldet sein. Dramatisch sind jedoch
die Konsequenzen: „So geraten die ENP-Staaten häufig in einen
‚geopolitischen Schwebezustand'. Die fehlende Beitrittsperspektive
bei gleichzeitige Einflussnahme der EU kann zu einer Schwä-
chung von Reformkräften im Land wie zu einer Stärkung oligar-
chisch-autoritärer Strukturen führen" (Werkner et al. 2017, S. 8).
Und spätestens im Umgang mit Russland zeigt sich, dass sich das
Ende der bipolaren Weltordnung als „Übergang zur weltpolitischen
Hegemonie des Westens" vollzog (Brock 2016).

Was bieten demgegenüber kooperative Systeme? Zuvorderst
sind sie inklusiv und basieren auf einem umfassenden Multilateralismus. Entstanden sind sie, so Heinz Gärtner in diesem Band,

---

1   Der Europäischen Nachbarschaftspolitik gehören zwei Ländergruppen
     an: zum einen die Staaten der Euro-Mediterranen Partnerschaft jenseits
     der südlichen Grenze der EU; zum anderen die Staaten der Östlichen
     Partnerschaft (Armenien, Aserbaidschan, Georgien, Moldawien, Ukraine
     und Weißrussland).

um existierende Spannungen zwischen Gegnern abzubauen, nicht aber aufzuheben. Diese Zielsetzung scheint zum einen Grenzen zu setzen. So kommen die Formen der Kooperation und Zusammenarbeit an Intensität und Tiefe an denen von Wertegemeinschaften nicht heran. Das mag auch ein Grund dafür sein, dass dem Westen nach 1989/90 die EU und NATO weitaus attraktiver erschienen als Organisationen wie die OSZE. Zum anderen gehen mit inklusiven Systemen Funktionsmechanismen einher, die zur zweiten These führen:

▶ Kooperative wie auch kollektive Systeme erweisen sich als überaus voraussetzungsreich.

Inklusive Systeme richten sich nach innen; ihre Mechanismen der Konfliktbearbeitung sind anspruchsvoll. Das trifft in verstärktem Maße für kollektive Systeme wie die Vereinten Nationen zu, die eine Beistandsverpflichtung enthalten. So hat jedes Mitglied dem anderen zu Hilfe zu kommen – gegebenenfalls auch mit militärischen Mitteln –, um den (potenziellen) Angreifer in die Schranken zu weisen. Das erfordert die Bereitschaft, (militärische) Mittel bereitzustellen, auch wenn eigene Interessen nicht involviert sind; es erfordert die Einwilligung in Hoheitsbeschränkungen, auch für die Sicherheit von Staaten, die nicht den eigenen Wertvorstellungen entsprechen; und es erfordert die Bereitschaft, positive (wirtschaftliche) Beziehungen zu Staaten, die das System als Aggressor definiert hat, einzuschränken. Zudem kommen kollektive Sicherheitssysteme gegenüber Atommächten an ihre Grenzen.

Wie kann nun aber Kooperation und Zusammenarbeit im Sinne einer friedenslogisch orientierten Sicherheitsarchitektur auch bei fehlendem Wertekonsens und aller Verschiedenheit der politischen Systeme gelingen? Eine Antwort darauf gibt Pascal Delhom in seinem Beitrag, abgebildet in der dritten These:

▶ Vertrauen ist ein Wagnis; dennoch muss dieses Wagnis einge-
gangen werden.

Unter konfrontativen Konstellationen ist Vertrauensbildung nicht
einfach, muss diese unter Bedingungen doppelter Kontingenz
hergestellt werden. Sowohl die Reaktionen der einen als auch der
anderen Seite können anders ausfallen als die jeweils andere erwartet. So bleibt Vertrauen eine „riskante Vorleistung" (Stegmaier
2008, S. 415). Und das Wagnis werde – so Delhom – „nicht dadurch
geringer, dass der andere dasselbe Wagnis auch eingeht". Dennoch:
Zum Vertrauen gibt es keine Alternative. Ein Beispiel dafür stellen
die vertrauensbildenden Maßnahmen im Rahmen der Abrüstung
und Rüstungskontrolle zu Zeiten des Kalten Krieges dar. Ebenso
gehört Anerkennung als „zentrales menschliches Bedürfnis" zu den
häufig vernachlässigten Wegen zum Frieden (Wolf 2017, S. 903);
und auch sie unterliegt einer ähnlichen Asymmetrie. Vertrauen
aufzubauen und Kooperation auf Anerkennung zu gründen, ist ein
langer Prozess. In dessen Verlauf kann dieses Wagnis aber auch
„berechenbarer" werden. Dafür steht der „Schatten der Zukunft"
(Axelrod 1984, S. 11, 113ff.). Wenn Akteure annehmen, auch in der
Zukunft hinreichend oft zu interagieren, und sich damit wiederholt
in derselben Interessenkonstellation befinden, antizipieren sie
diese Situation bereits in ihrer aktuellen Strategie und verhalten
sich kooperativer.

Vieles spricht, so das Resümee dieses Kontrapunktes, dafür, im Konzept des gerechten Friedens inklusiven kooperativen Ansätzen und Systemen – sei es die gemeinsame Sicherheit, die Organisation für Sicherheit und Zusammenarbeit in
Europa oder auch die Vereinten Nationen – bei der Wahrnehmung europäischer Friedensverantwortung eine größere Aufmerksamkeit zukommen zu lassen. Das sollte auch im Rahmen
einer Friedensdenkschrift über eine einzige Ziffer, die die Stärke

der OSZE lediglich „im Zusammenwirken mit anderen Organisationen" sieht (EKD 2007, Ziff. 139), deutlich hinausgehen.

Literatur

Axelrod, Robert M. 1984. *The Evolution of Cooperation*. New York: Basic Books.

Brock, Lothar. 2016. Wozu brauchen wir heute die Vereinten Nationen. Bilanz und Perspektiven der Weltorganisation. www.bpb.de/apuz/222189/wozu-brauchen-wir-heute-die-vereinten-nationen?p=all. Zugegriffen: 30. August 2018.

Evangelische Kirche in Deutschland (EKD). 2007. *Aus Gottes Frieden leben – für gerechten Frieden sorgen. Eine Denkschrift des Rates der Evangelischen Kirche in Deutschland*. Gütersloh: Gütersloher Verlagshaus.

Stegmaier, Werner. 2008. *Philosophie der Orientierung*. Berlin: de Gruyter.

Werkner, Ines-Jacqueline (Red.), Matthias Dembinski, Heinz Gärtner, Sarah Jäger, Hans Misselwitz und Konrad Raiser. 2017. Berliner Memorandum „Sicherheit neu denken – Wege des Friedens in Europa". *epd-Dokumentation* Nr. 40 vom 4. Oktober 2017.

Wolf, Reinhard. 2017. Respekt und Anerkennung: ein vernachlässigter Weg zum Frieden? In *Handbuch Friedensethik*, hrsg. von Ines-Jacqueline Werkner und Klaus Ebeling, 903–913. Wiesbaden: Springer VS.

Autorinnen und Autoren

Pascal Delhom, Dr. phil., Akademischer Rat am Philosophischen Seminar der Europa-Universität Flensburg

Matthias Dembinski, Wissenschaftlicher Mitarbeiter an der Hessischen Stiftung Friedens- und Konfliktforschung (HSFK) in Frankfurt a. M.

Martina Fischer, Dr. phil., Politikwissenschaftlerin und Friedensforscherin; sie arbeitet als Referentin für Frieden und Konfliktbearbeitung bei Brot für die Welt in Berlin

Heinz Gärtner, Dr. phil. habil., Professor für Politikwissenschaft, Institut für Politikwissenschaft an der Universität Wien und International Institute for Peace (IIP) in Wien

Hans-Joachim Heintze, Dr. iur. habil., Professor am Institut für Friedenssicherungsrecht und Humanitäres Völkerrecht an der Ruhr-Universität Bochum

© Springer Fachmedien Wiesbaden GmbH, ein Teil von Springer Nature 2019
I.-J. Werkner und M. Fischer (Hrsg.), *Europäische Friedensordnungen und Sicherheitsarchitekturen*, Gerechter Frieden,
https://doi.org/10.1007/978-3-658-23920-6

Sabine Jaberg, Dr. phil. habil., Dozentin für Politikwissenschaft/
Friedensforschung an der Fakultät Politik, Strategie und Gesell-
schaftswissenschaften der Führungsakademie der Bundeswehr
in Hamburg

Ines-Jacqueline Werkner, Dr. rer. pol. habil., Friedens- und Kon-
fliktforscherin an der Forschungsstätte der Evangelischen Studiengemeinschaft e. V. in Heidelberg und Privatdozentin am Institut
für Politikwissenschaft an der Goethe-Universität Frankfurt a. M.

Printed in the United States
By Bookmasters